Monika Czernin

**Gebrauchsanweisung
für Wien**

Piper München Zürich

ISBN 13: 978-3-492-27511-8
ISBN 10: 3-492-27511-7
4. Auflage 2006
© Piper Verlag GmbH, München 2003
Gesamtherstellung: Clausen & Bosse, Leck
Printed in Germany

www.piper.de

Inhalt

Warum ausgerechnet Wien?	7
Über die Mühsal, in einer Stadt wie Wien anzukommen	11
Wo, bitte, ist Ihr »Cafézuhaus«?	25
Einmal um die Ringstraße	41
Alles Walzer!	54
Eine Bühne des Lebens	70
Wien und der Osten	84
Schein und Sein	99
Kunst oder die Steine des Anstoßes	110
Die »gute Gesellschaft«	123
Das rote Wien	133
Der Prater und das jüdische Wien	145
Krank sein, sterben und auferstehen	160
Wehmut by night	171
Danksagung	187

»Wien ist eine angenehme Stadt, und wer sie durch und durch kennt, kehrt gern zurück, mit einem Lächeln; niemals mit Liebe, aber stets mit Sympathie, mit der Sympathie, die man beispielsweise einem närrischen, arglosen und etwas lächerlichen Menschen gegenüber verspürt, ohne ihn eigentlich gut zu verstehen. Etwa so, wie wenn man jemanden liebgewinnt, der eine gelbe Krawatte trägt und Kanarienvögel züchtet.«
Milena Jesenská: »Alles ist Leben«

Warum ausgerechnet Wien?

Wenn ich an Wien denke, überfällt mich eine Mischung aus Wehmut und Erleichterung. Wehmut, weil ich nicht mehr dort lebe, und Erleichterung, daß ich nicht mehr dort lebe. Trotzdem stelle ich mir sofort vor, wie es wäre, wenn ich wieder in der Schmöllerlgasse, gleich neben dem Schloß Belvedere, wohnen würde und morgens im Park des Palais Schwarzenberg joggen ginge. Oder in der Weihburggasse, täglich geweckt von den Glocken der Franziskanerkirche. Oder in der Domgasse hinter dem Hotel König von Ungarn, dort wo Mozart und die Schwester des verstorbenen Kardinal Groer, Österreichs skandalumwittertsten Kirchenmanns, gewohnt haben. Ich stelle mir vor, wie es wäre, wieder nur zwei Schritte vom Stephansdom, den Fiakern und der Zentralbuchhandlung entfernt zu sein, durch enge barocke Gassen über das Kopfsteinpflaster zu laufen, mittags bei kleinen Kanapees im Schwarzen Kameel Wiens buntgemischte Gesellschaft zu beobachten und anschließend in der sonnendurchfluteten Domgassenwohnung am Schreibtisch zu sitzen und dem Stöckelschuhgeklapper aus der Blutgasse zu lauschen.

Wien löst einfach reflexartig Wehmut, Sehnsucht und Neugier aus. Sie werden es selbst sehen: Sehnsucht nach der Vergangenheit im allgemeinen und im k.u.k.-besonderen. Nach Gesichtern, die aus dieser Stadt vertrieben wurden, und Menschen, die ihr persönliches Wiengefühl in die Welt hinausgetragen haben. Nach versäumten Liebeleien in den Weinbergen von Grinzing, nach einem vollendeten Konzerterlebnis und den Geschichten der vielen Geschichtenerzähler dieser Stadt. Wien füttert die Neugier auf das Geflüster hinter den repräsentativen Fassaden seiner Palais, auf den hinterhältigen Charme der Wiener und die Klischees dieser Stadt. Selbst hinter den Klischees lauern die sonderbarsten Stimmungen, Szenen voller Musik, Bilder von eigenwilliger Schönheit. Lipizzaner, die durch die Herrengasse galoppieren, ein Pärchen, das zu den Klängen aus dem Ballsaal des Palais Auersperg auf der Zweierlinie Walzer tanzt, ein Kuß am toten, dem höchsten Punkt des Riesenrads, eine Fiakerdemonstration um die Ringstraße.

Wien. Das ist nicht einfach eine 1,6-Millionen-Einwohner-Stadt mit einer interessanten Historie. Wien ist der Mittelpunkt gleich mehrerer untergegangener Welten. Wer in Wien lebt, leidet darum oft, wie schon viele illustre Vorbilder aus der Vergangenheit es taten. Wien zieht einen in seine widersprüchliche, derart mit Geschichte aufgeladene Atmosphäre, daß man froh sein muß, wenn man heil wieder herauskommt. Ich kenne Leute, die in Wien todunglücklich sind, aber die Stadt niemals verlassen würden, und solche, die dorthin zurückkehren mußten, weil der Sog der Stadt zu groß war und sie dann ebenfalls rettungslos unglücklich wurden. Seit ich nicht mehr dort lebe, fühle ich mich erleichtert, ganz wörtlich genommen erleichtert. Von der Last meiner und der Wiener Vergangenheit befreit, den Ansprüchen enthoben, die diese Stadt an mich stellt, ihren gierigen Krakenarmen entkommen. Dafür sehe ich jetzt klarer, genauer, besser – aber vielleicht auch wehmütiger.

Es heißt, in Wien sei über Nacht ein neues Barock ausgebrochen, es herrsche ein Lebensgefühl wie zur Zeit Kaiserin Maria Theresias. Die Wiener seien schon lange nicht mehr so hedonistisch und lebenslustig gewesen. Sprudelnde, überbordende Kreativität sei an der Tagesordnung. Sinnlich und verspielt werde Traditionelles in Zeitgenössisches verwandelt und Neues flink zur Tradition erhoben. Kurz und gut, die Stadt erlebe eine unglaubliche Blütezeit. Der Zeitgeist des »Remix« kann für eine Stadt wie Wien nur ein Segen sein. Denn Wien ist ein Steinbruch wiederverwertbarer Dinge: mit ihrer zweitausendjährigen Geschichte, in der die Stadt meistens Machtzentrum war, mit Kultur zum Abwinken – auf den Straßen, in den Museen, den Kirchen, den Galerien, Theatern, hinter jeder Ecke. Mit Menschen, die der Stadt unzählige Geschichten und Anekdoten hinterlassen haben. Menschen, die sich gerne neue Rollen geben und alte Masken anlegen, ihre Kleider wechseln und ihre Seelen im Glanz der Stadt spiegeln. Und wenn sie denn einmal nicht glänzt, diese Stadt, was oft genug vorkommt, dann bedauern sich ihre Bewohner ausgiebig und ebensogerne, wie sie sich zuvor in ihrem Glanz sonnten.

Ein »Remix«, das ist, wenn die unterschiedlichsten Musikstile und Lieder zu etwas Neuem zusammengemischt werden. Kein Wunder, daß Wiener DJ's in dieser Kunst die Nase vorne haben. Sie wissen den musikalischen Reichtum Wiens zu nützen, verhackstücken, anders als die Generation ihrer Väter, voller Selbstverständlichkeit und mit sprühender Lebendigkeit alles, was auf dem Dancefloor gut ankommt. Wien, so heißt es, gleiche einem Wasserfall kultureller Produktivität. Es feiere den Sieg des Lifestyle über die Auseinandersetzung zwischen Avantgarde und Tradition. Aber kann es sein, daß die Wiener über dem neuen Lebensgefühl ihren »Grant« vergessen haben, jene Haltung, die davon ausgeht, daß die Welt schlecht ist und jede Aktivität alles nur noch schlimmer macht? Daß sie nicht mehr »raunzen« (jammern), nicht mehr dauernd auswandern wollen und dann doch »daham« (zu Hause) bleiben, daß sie nicht mehr von ihrem vielbeklagten Neidkomplex zehren und nicht mehr liebend gerne Intrigen spinnen? Nein, das kann auch wieder nicht sein. Aber der Aufbruch! Wer möchte den schon versäumen? Ich jedenfalls nicht. Deshalb habe ich dieses Buch geschrieben – und weil ich herausfinden wollte, was letztendlich überwiegt: die Wehmut oder die Erleichterung.

Über die Mühsal, in einer Stadt wie Wien anzukommen

Wien. Schon der Klang hat Ihre Erwartungen geweckt. Mit einer warmen Stimme haben Sie das Wort mehrmals vor sich hin gesprochen. Wien! Sehr entschieden ist es Ihnen über die Lippen gekommen, wie der Endpunkt einer langen Suche, so, als wüßten Sie bereits, was Sie, sind Sie einmal dort angekommen, alles erleben werden. Seien Sie auf jedes Klischee vorbereitet! Im Flugzeug wird man Sie womöglich mit Walzerklängen aus dem Lautsprecher und einem Promotionfilm über die Lipizzaner, den Stephansdom und das Schloß Schönbrunn drangsalieren und Ihnen ein Miniaturstück der Sachertorte aufdrängen, obwohl erst Frühstückszeit ist und Sie sonst nie vor drei Uhr nachmittags Schokoladentorte essen. Wenn Sie im Zug unterwegs sind, sind Sie besser dran. »In Kürze erreichen wir Wien Westbahnhof«, sagt eine weder besonders freundliche noch besonders unfreundliche Schaffnerstimme, bemüht, die paar Worte den Passagieren des »Béla Bártok« auf Hochdeutsch zu servieren. Béla Bártok! So heißen hier die Züge, die weiter nach Budapest fahren. Budapest, Prag ... Mitteleuropa.

Doch zurück zum Schaffner. Wie gesagt, er versucht, Hochdeutsch zu sprechen, und doch bricht die Färbung seines Wiener Idioms bei jedem Wort hervor. Eine Verheißung. Ein Probeballon. Den Schaffner verstehen Sie noch. Den Taxifahrer auf dem Weg zu Ihrem Hotel hoffentlich auch noch, aber Sie ahnen bereits, daß Sie im Ausland sind, daß hier deutsche Werbefilme auf »österreichisch« nachsynchronisiert werden und Spielfilme aus dem Wiener Kleinbürgermilieu mit deutschen Untertiteln in die deutschen Kinos kommen.

Wenn Sie es sich leisten können, steigen Sie in einem der alten Nobelhotels der Stadt ab, oder – weitaus günstiger, dafür ohne Tradition – im von Sir Terence Conran gestalteten Designerhotel Das Triest. Wählen Sie geschichtsträchtig, käme als erstes das Imperial am Kärntnerring in Frage. Prunkvoll und obszön teuer übernachten hier vor allem berühmte Musiker, Dirigenten, Theaterleute und einmal im Jahr die Jagdgesellschaft des regierenden Fürsten von Liechtenstein. Auch Chruschtschow, Arafat, Ghadafi, König Hussein und Queen Elizabeth wurden auf ihren Staatsbesuchen in den weitläufigen Suiten des Imperial, mit seinen Stuckdecken, pompösen Goldbalustraden, dem schweren Gründerzeitmobiliar und der schwülen Makart-Eleganz untergebracht. So sie nicht zu den glücklichen Gästen dieses Palasthotels gehören, sollten sie einen Blick in den Stiegenaufgang werfen und, wenn Sie ein diskretes Rendezvous haben, im Café Imperial speisen.

Dann das Hotel Sacher. Neu ausgebaut und traditionsreich. Aber weniger wegen der berühmten Torte. Sie wurde 1832 auf Veranlassung des Staatskanzlers, Fürst Metternich, von Franz Sacher erfunden. Seit den dreißiger Jahren des 20. Jahrhunderts wird sie aber vom k.u.k.-Hofzuckerbäcker

Demel nach dem Originalrezept hergestellt, während man im Sacher der Torte eine zusätzliche Marmeladenschicht verpaßte, sie aber dennoch weiterhin mit dem Originalsiegel versah. Der darauffolgende skurrile und zugunsten des Sacher ausgegangene Rechtsstreit wurde vom Schriftsteller Friedrich Torberg festgehalten, dessen Geschichten über Wien uns noch öfter beschäftigen werden. Die Torte ist auch gar nicht jedermanns Sache, ich zum Beispiel konnte sie noch nie leiden. Nicht genug Schokolade und Zucker.

Doch so sehr das Imperial als pompös gilt, so unvergleichlich strahlt das Sacher Exklusivität aus. Reine, unverblaßte, nur gedämpfte Redelautstärke duldende Exklusivität. Schließlich speiste hier regelmäßig die Hofgesellschaft, wenn die Mahlzeit an der Tafel Kaiser Franz Josefs wieder einmal zu kärglich ausgefallen war. Der Kaiser war ein schneller, unsinnlicher Esser, und wenn er einmal fertig war, mußten auch alle anderen ihr Besteck niederlegen. Daher stammt angeblich auch der Name für den Tafelspitz, jenes klassische Wiener Rindfleischgericht. Er verweist auf die armen Erzherzöge am Ende, am Spitz der Tafel also, die vom köstlichen Braten oft nicht genug bekamen. Exklusiv sind auch die Dienste dieses Hotels. So brachte ein verarmter Graf über Jahre seinen Frack ins Sacher zur Reinigung. Ohne mit der Wimper zu zucken, übernahm der Portier das Kleidungsstück und ließ es mit der Dienstkleidung des Personals wieder in einen angemessen Zustand bringen.

Der Geheimtip unter den Hotels bleibt für mich freilich das Hotel im Palais Schwarzenberg. Die beiden Stararchitekten des Barocks, Lukas von Hildebrandt und Johann Bernhard Fischer von Erlach, haben dieses ehemals in der Vorstadt gelegene Sommerpalais und seinen wunderbaren Barockpark entworfen. Soeben schließt es wegen Umbau und Erweiterung seine Tore, doch ab dem Frühjahr 2007 wird es wieder das nobelste unter den Wiener Nobelhotels sein.

Dennoch will ich Ihnen noch so manches über dieses geschichtsträchtige Haus und seinen Besitzer erzählen. Absteigen können Sie zur Zeit, wenn Sie über das nötige Kleingeld verfügen, am besten und teuersten im Palais Coburg Hotel Residenz, wenn sie lieber die kleinen, charmanten Hotels mit einem gediegenen Preisleistungsverhältnis suchen, dann empfehle ich Ihnen die Hotel-Pension Altstadt in der Kirchengasse.

Ganz gleich, wo sie nun untergekommen sind, Sie sollten bald zu einem ersten Spaziergang durch die Innenstadt aufbrechen. Ich nehme an, daß Sie schon unterwegs sind, womöglich zur Oper, um dann in die Kärntner Straße zu eilen, an deren anderem Ende Sie der Stephansdom erwartet – das Wahrzeichen der Stadt, touristische Hauptattraktion, beliebtes Postkartensujet, Meilenstein der Wiener Stadtgeschichte. Doch davor liegt die Kärntner Straße. Auf manche Menschen, auf mich zum Beispiel, übt sie einen unheilvollen Sog aus. Ich komme meist gar nicht dazu, sie von einer ästhetischen Warte aus zu betrachten. Was nicht schlimm ist, denn ästhetisch ist sie ein Abgrund. Sie sei die »elegante und teure Geschäftsstraße schlechthin« und hätte die »geschmackvollsten Auslagen der Welt«, schrieb der Schriftsteller Jörg Mauthe noch in den fünfziger Jahren. Doch heute ist sie nicht besser als die Kaufingerstraße in München oder der Kurfürstendamm in Berlin: monotoner Einheitsbrei. Vor lauter Auslagen und Geschäftsschildern werden Sie nichts von ihrer einstigen Eleganz entdecken. Sie müßten schon eine Feuerwehrleiter an eine der etwas zu klobigen Straßenlaternen stellen, hoch hinaufklettern, um über dem lückenlosen Auslagen- und Schilderwald die barocken und gründerzeitlichen Fassaden bewundern zu können. Statt dessen werden Sie aber womöglich, wie ich, bei H & M, Mango oder Zara einkehren, weil dort gerade Ausverkauf ist. Wer weiß, ob sich je wieder eine so günstige Gelegenheit bietet. Und wer hat außer im Urlaub schon so richtig Zeit, einmal ordentlich einzukaufen zu gehen? Die tollen Jeans sind Ihnen schon zu Hause, in der Hauptstraße *Ihrer* Stadt, aufgefallen. Aber jetzt sind sie richtig billig. Draußen wartet Wien, denken Sie kurz, aber davor müssen Sie sich noch für oder gegen den fetzigen Rock und die beiden Pullis, die man auch noch im Winter wird anziehen können, entscheiden. So, und nun treten Sie wieder hinaus auf die Kärntner Straße, ins bunte Großstadtleben, behängt mit einer schweren Einkaufstüte. Vielleicht versuchen Sie, sich gleich statt »Tüte« das hier gebräuchliche Wort »Sackerl« oder »Plastiksackerl« anzugewöhnen. Sie wissen ja, Österreicher, und insbesondere die Wiener, hegen Vorurteile gegen die »Piefkes«. Damit sind die Deutschen, insbesondere die hinter der Weißwurstlinie gemeint. So sind die Leute hier eben. Aber nur weil diese Gebrauchsanweisung Ihnen Lust auf Wien machen soll, kann ich Ihnen doch die Schattenseiten seiner Bewohner nicht verschweigen. Sie flanieren weiter. Schöne Schuhe, Souvenirs. Halt! Wenn Sie alleine sind, wird Sie das schlechte Gewissen, ansonsten vielleicht Ihr Begleiter, auf den rechten Pfad der Kultur zurückpfeifen.

Die Finsternis des Kirchenraums

Da vorne ist schon der Stephansdom. Schließlich sollte dies eine Kunst- und Kulturreise werden. Jetzt haben Sie schon einen halben Tag in der Kärntner Straße vertrödelt und nicht einmal etwas über sie erfahren, weil diese einst eleganteste Einkaufsstraße der Stadt – das hatte Ihnen Ihr Reiseführer versprochen (vielleicht ist er heillos veraltet, oder er ist einer jener Stadtführer, die zu Kunst und Geschichte eindrücklich viel wissen, aber den Zahn der Zeit geflissentlich ignorieren) – nicht mehr das ist, was sie einmal war. Und so sitzen Sie dann eben dem ganzen Schnickschnack unserer globalisierten Warenwelt auf, und wenn Sie ehrlich sind, können Sie eigentlich nur sagen, daß Sie in einer x-beliebigen H & M-Zara-Bata-Mango-Straße gewesen sind.

Doch nun werden Sie den Stephansdom besichtigen und den »Steffl«, seinen aus mehreren Jahrhunderten Baugeschichte aufgeschichteten Südturm, bewundern. Man sagt, solange der »Steffl« in den Himmel ragt, ist für den Wiener die Welt noch in Ordnung. Ebenfalls zu dieser Ordnung gehört auch das Läuten der Pummerin an Sylvester. Jedes Jahr feiern einige Hunderttausend Menschen, darunter stets eine stattliche Anzahl italienischer Touristen, den Jahresbeginn in den Straßen von Wien. Ihre Bravorufe und der Lärm der explodierenden Feuerwerkskörper übertönen längst den gewaltigen Ton der monumentalen Kirchenglocke. Mit über 21 Tonnen ist sie eine der schwersten der Welt, sie kann die Turmspitze des Stephansdoms gleich zentimeterstark zum Schwingen bringen, wie einen zaudernden Seismographen, der sich vor dem Neuen im neuen Jahr fürchtet. Wenn die Wiener zum Klang ihrer Pummerin zu Hause vor den Fernsehgeräten die Sektkorken knallen lassen, erfüllt sie kein allzu optimistischer Zukunftstaumel. Dazu klingt sie zu dunkel und mahnend. Sie, die aus den zurückgelassenen Kanonenkugeln der Türken zusammengeschmolzen wurde, scheint zu wissen, daß viele Jahre seither nichts Gutes gebracht haben. Doch solange sie ertönt und der »Steffl«, dieses Symbol der Freiheit und Hoffnung, in den Himmel ragt, geht das Leben zumindest weiter. 1945, kurz vor Kriegsende, ging die Pummerin beim Brand des Domes zu Bruch und zerschmolz, als ob sie aus Scham dem Land ihren Klang verweigern wollte. Denn aktiven Widerstand gegen das Dritte Reich haben auch in Wien und Österreich nur wenige geleistet. Ein kleines, unscheinbares Zeichen, rechts vor dem Eingangsportal an der Außenwand des Doms, verweist auf sie. Die wichtigste Widerstandsgruppe trug die Abkürzung »O 5« (O und der fünfte Buchstabe des Alphabets E, für »Oesterreich«). Jemand hat dieses Kürzel auf die Wand von Sankt Stephan gekritzelt, mitten im Krieg, vielleicht mit einem Flehen auf den Lippen und großer Angst im Nacken.

Das Schönste am Stephansdom ist das Licht oder, vielmehr, die Finsternis im Inneren des Gotteshauses. Sie sind durch das gewaltige gotische Portal, im Winter auch noch durch die Filzmattenschwenktüren in das Innere der Kirche getreten und sehen so gut wie nichts. Anders als bei vergleichbaren gotischen Kathedralen hat das sechs Meter über den Seitenschiffen aufragende Mittelschiff des Stephansdoms keine eigene Fensterreihe. Licht strömt ausschließlich durch die Glasfenster der Seitenschiffe und schickt weiße, staubgesättigte Strahlen ins Kircheninnere. Bis 1945 brach sich das Licht noch durch farbenprächtige mittelalterliche Glasfenster und tauchte die Kirche in ein buntes Edelsteinleuchten. Nach dem Krieg wurden, wie in so vielen Kirchen, die zerstörten bunten Glasscheiben ersetzt und das farbige Strahlen in weiß einfallendes Licht verwandelt. Wenn Sie sich ein wenig an die Dunkelheit gewöhnt haben, werden Sie die kostbaren Kunstschätze des Doms schemenhaft aufblitzen sehen und, so Sie an etwas wie die Anwesenheit des Göttlichen glauben, wird es Ihnen bei der Lichtregie von Sankt Stephan nicht besonders schwerfallen, diese Anwesenheit tatsächlich zu spüren.

Adolf Loos hat den Stephansdom 1906 den »schönsten Innenraum«, den »weihevollsten Kirchenraum der Welt« genannt. »Dieser Raum erzählt uns unsere Geschichte. Alle Generationen haben daran mitgearbeitet, alle in ihrer Sprache. Bis auf die unsere – denn die kann ihre Sprache nicht sprechen. Und so ist dieser Raum am herrlichsten, wenn die Mitarbeiterschaft der letzten vierzig Jahre nicht zu Worte kommt. In der Dämmerung, wo man der Kirchenfenster nicht gewahr wird. Dann aber strömt dieser Raum auf einen ein, daß man ... Ich sehe, ich kann mich nicht ausdrücken, wie er wirkt. Aber vielleicht beobachtet jeder das Gefühl, das ihn erfaßt hat, wenn er nach dem Durchschreiten die Straße betritt. Es ist stärker als nach der Fünften von Beethoven. Aber die dauert eine halbe Stunde. Sankt Stephan braucht dazu eine halbe Minute.«

So. Da sind Sie wieder. Nun aber noch einmal zurück zur Oper. Wegen der Kärntner Straße. Sie sollten noch einmal von vorne anfangen, wieder Richtung Stephansdom gehen, nun aber diese unsägliche Einkaufsstraße meiden und sich auf ihre Seitenstraßen konzentrieren. Wenn Sie dabei die Kärntner Straße überqueren müssen, tun Sie das am besten schnell und mit aufgeschlagenem Mantel- oder Jackenkragen. Das wird Ihnen helfen, einen Sieg über Ihr eigenes konsumfreudiges Herz davonzutragen. Und dann sind Sie plötzlich ein wenig angekommen – in Wien.

Staubzulage im Grillparzerzimmer

Gleich am Anfang biegen Sie rechts von der Kärntner Straße in die Johannesgasse ein. Schon befinden Sie sich auf den Spuren von Musik und Literatur. Hier sind die Musikhochschule und das Hofkammerarchiv mit einer eigenen Klingel für das Grillparzerzimmer. Wären Sie beispielsweise eines Herbsttages im Jahre 1852 in die Stadt gekommen, hätten Sie hier den urösterreichischen Dichter Franz Grillparzer bei der Arbeit vorgefunden. »Ins Bureau. Statt des Kaisers Geschäfte zu besorgen, aus dem Deutschen ins Englische übersetzt«, schrieb der eigenwillige Staatsbeamte in sein Tagebuch. Als langjähriger Direktor des Hofkammerarchivs, hatte Grillparzer unter anderem die Zahlamtsbücher mit den an die Musiker zu vergebenden Gagen zu verwalten. Fünfundzwanzig Jahre lang war der Dichter Direktor, doch für den innerlich ohnedies Zerrissenen war die Doppelbelastung, Brotberuf und Schriftstellerei, so scheint es, kein Problem. »Im Büro Xenophon gelesen«, notiert er an einem anderen Tag. Dennoch finden sich in diesem Archiv auch 600 amtliche Schriftstücke von Grillparzers Hand. Bei seiner Pensionierung wurde ihm der Titel »Hofrat« verliehen, jenes höchste Adelsprädikat des österreichischen Beamtentums. Durchaus österreichisch lautete auch die Begründung: wegen seiner »langjährigen, eifrigen und ersprießlichen Dienstleistung als Staatsdiener sowie seinen seltenen und ausgezeichneten Leistungen als Schriftsteller«. Heutige Beamte bekommen, wenn sie bei Grillparzer Dienst tun, eine Staubzulage. Ja, Sie haben ganz richtig gelesen: Staubzulage! In einem an unterschiedlichen Zulagen reichen Beamtenvergütungssystem ist die Staubzulage nur eine unter vielen Kuriositäten.

Am liebsten würde ich stundenlang durch die verwinkelten Gassen zwischen der Kärntner Straße und der Seilerstätte wandern, kurz bei den beiden Seilerstättegalerien für zeitgenössische Kunst, Krinzinger und Curtze, und der neu hinzugekommenen Galerie Mario Mauroner in der Weihburggasse vorbeischauen und am Franziskanerplatz im Kleinen Café etwas essen. Altes barockes Wien! Kopfsteinpflaster! Wenig Licht fällt in die schmalen Gassen. Überall tun sich malerische Blicke auf – Hinterhöfe, die Theaterkulissen gleichen. Von den kleinen Gassen biegen noch kleinere Gäßchen ab. Etwa die Nikolaigasse, eine winzige Seitenstraße der Grünangergasse, in der Grillparzer eine Weile lang gelebt hat. Sie müssen gut aufpassen, daß Sie die Nikolaigasse nicht übersehen, so klein ist sie. Sie ist eine stille, enge Hinterhausgasse, mit grauen – zum Glück noch nicht bis zur Unkenntlichkeit restaurierten – Fassaden mit typischen weißen Holzfenstern, von denen die Farbe abbröckelt, ein großer Kastanienbaum, stillstehende Zeit, eine winzige Bar mit dem sinnigen Namen »Das Versteck«. Die Nikolaigasse finden Sie wahrscheinlich in keinem Führer, denn sie birgt keine offensichtliche Attraktion. Und doch schlägt hier das Herz Wiens. Solcher Orte wegen liebe ich diese Stadt und werde nie müde, nach ihnen zu suchen.

Sie gelangen in die Domgasse und werfen, bevor Sie durch einen Gewölbedurchgang zum Stephansplatz gehen, noch geschwind einen Blick in die mittelalterliche Blutgasse. Ihr Name erinnert, wie nicht anders zu erwarten, an eine mörderische Tat. Bei einem Massaker im Jahre 1312 soll das Blut der Tempelritter durch das malerische Gäßchen geflossen sein. In der Domgasse befand sich angeblich das erste Kaffeehaus, eröffnet von einem polnischen Spion namens Kolschitzky nach der zweiten Türkenbelagerung 1683. Es hieß – so wissen einige zu berichten – »Zur blauen Flasche«, anderen Quellen zufolge hingegen »Zum roten Kreuz«. All das klingt einigermaßen erfunden wie so viele Geschichten in dieser Stadt. Schichtenweise türmen sie sich auf, je älter das Stadtviertel, desto höher. (In Wirklichkeit war es nämlich der armenische Kaufmann Deodato, der als erster das Kaffeehausschankprivileg erhalten hatte, und zwar im Jahr 1685.)

Die winzige Domgasse! Auf Nummer fünf wohnte Wolfgang Amadeus Mozart drei Jahre lang und komponierte hier neben kleineren Werken *Die Hochzeit des Figaro*. Haydn und Beethoven besuchten den Meister, und fast hundert Jahre später kam Johannes Brahms ins sogenannte Figarohaus, um dem nun dort wohnhaften Pianisten Julius Epstein seine Aufwartung zu machen. Blicken Sie auch in den Innenhof von Hausnummer vier. Mauern so dick wie Türme, Specksteinplatten, eine einfache Innenhoffassade. Wenn Sie wie ich hier einmal für einige Jahre gewohnt hätten, würden Sie sich einfach an die Hausmauer lehnen und lauschen. Ob die alte Frau im dritten Stock, die Schwester des verstorbenen Kardinals, noch lebt? Und aus dem Mezzanin (so heißt in Wien das Geschoß zwischen Parterre und erstem Stock) dringt diese Mischung aus Keller- und Küchengeruch. Selbst nach Jahren konnte ich nicht eruieren, was in den Töpfen hinter der Wohnungstür vor sich hin köchelte.

Doch Sie wollen bestimmt weiter, wollen gar nicht so viele Hinter- und Innenhöfe erkunden. Nun gut. Dann nehmen Sie jetzt den Durchgang zum Stephansplatz. Sie gelangen an seine Hinterseite, dort wo die Fiaker stehen und auf Kundschaft warten. Dies ist der beste Weg, um sich dem geschäftigen Treiben zwischen Kärntner Straße und Graben zu nähern, aus dem Hinterhalt gewissermaßen, mit Mozart im Rücken. Man hört die eigenen Schritte laut zwischen den hohen Mauern, Pferdegeruch steigt in die Nase, Fiaker grüßen. Im Winter, wenn man eilig und in einen dicken Mantel gehüllt an den Kutschen vorbei zur U-Bahn huscht, dampfen die Pferde in der Kälte, und der eigene Atem gefriert in der eisigen Luft. Der Stephansdom wirkt schützend, der Platz kalt und groß. Im Sommer hingegen ist die Stimmung fast mediterran. Die alten Gemäuer haben die Kühle des Winters gespeichert und geben Frische ab. Rechts war immer meine Lieblingsbuchhandlung. Zu meiner Zeit war sie nicht nur ein Ort, an dem man Bücher kaufen konnte. Sie war das, was Buchhandlungen sein sollten: Kammern des Wissens, der Einkehr und der Entdeckungen. »Da gibt es ein Buch, leider weiß ich den Titel und den Autor nicht mehr, aber irgendwas mit ›Hand‹ war es oder ›Wort‹ oder beides.« Man sollte nicht meinen, daß solche Angaben für die Buchhändlerin zu unpräzise gewesen wären. Immer fand sie den gesuchten Titel, und meistens wußte sie genau, welche Bücher perfekt zu einem paßten.

Gehen Sie am Stephansdom vorbei durch den Graben in

die kleine Naglergasse und weiter zum Platz am Hof. Das ist die Heimat des ehemaligen Wiener Bürgermeisters Helmut Zilk, einer legendären Wiener Figur – volksnah, barock, charismatisch, als sei er einer Wiener Operette entsprungen. Geschichten über ihn und seinen freudigen Zuspruch zum Alkohol sind Legion. Etwa diese aus dem reichen Repertoire der berühmten Zilk-Anekdoten, über deren Wahrheitsgehalt ich mich nicht verbürgen möchte. Der Stadtvater habe sich in der Nacht leicht schwankend vor seiner Wohnung in der Naglergasse eingefunden und gerufen: »Dagi, bitte los ma den Schlissl runta.« Seine in langjähriger Ehe eingeübte Frau, die Operettendiva Dagmar Koller, soll dem Heimkehrenden seinen Wunsch nicht verweigert haben. Auch unter den Zilks, so erzählt man sich, habe sich ein Fenster geöffnet, aus dem die Geliebte und zweite Frau des vormaligen Bundespräsidenten Thomas Klestil herausgeblickt haben soll. Anscheinend erwartete auch sie noch zu später Stunde Herrenbesuch. Helmut Zilk ging immer zu Fuß ins Büro. Von der Naglergasse über den Hof zur Freyung und dann über das Schottentor zum Rathaus, seinem Arbeitsplatz. Man grüßte »Habedieehre, Herr Bürgamasta« und plauderte mit ihm, er kaufte Zeitungen und schaute dabei dem Volk aufs Maul.

Auch Sie sind mittlerweile auf die Freyung gelangt. Linker Hand das Palais Kinsky. Sehen Sie eine junge, hochgewachsene Dame aus dem Tor dieses Barockpalais von Lukas von Hildebrandt heraustreten? Nein? Dann schließen Sie kurz die Augen und versuchen Sie, sich in die Zeit um die Jahrhundertwende zu versetzen. Die Dame ist achtzehn oder zwanzig, trägt ein hochgeschlossenes, in der Mode der damaligen Zeit mit weißen Spitzen abschließendes Korsagenkleid. Bodenlang und, sagen wir, perlmuttfarben. Ihre Haare sind zu einem artigen Dutt hochgesteckt. Ein kleiner Sonnenschirm hängt über ihrem linken Unterarm. Es ist

Juli, und sie ist sonnenscheu. Ihre Schritte federn. Sie scheint beschwingt und bester Dinge zu sein. Sie ist auf dem Weg ins Schottenstift, schräg vis-à-vis. Daß sie alleine unterwegs ist, weder von einer ihrer Schwestern noch von ihrer Kammerzofe begleitet wird, hat einen Grund: Sie hat sich soeben verlobt, mit einem Standesgenossen, einem böhmischen Grafen, und deshalb wurde sie für erwachsen genug befunden, schon einmal alleine in die Kirche zu gehen.

Nach der heiligen Messe wird sie nicht ins Café Central gehen, wo die Schriftsteller und Intellektuellen ihre Nachmittage zubringen. Sie verschwendet nicht einmal einen Gedanken daran, so weit weg ist jene Welt von der ihren. Sie wird zurück ins Palais in den Salon gehen, zu ihren Schwestern, und sich um ihre Aussteuer kümmern. Vielleicht tut sich jedoch auch noch eine Möglichkeit auf zu entkommen. Jetzt, wo sie alleine auf die Straße gehen kann, hat sie Mut gefaßt. Dann geht sie hinüber ins Palais Wilczek in die Herrengasse, läuft am Portier vorbei in die Gemächer ihres Großvaters, Hans Wilczek: eine legendäre Gestalt aus der Zeit der späten k.u.k.-Monarchie. Ein Riese. Über zwei Meter groß. Ein Abenteurer. Hochdekoriert für seine Heldentaten in diversen Schlachten. Ein Mäzen und Kunstliebhaber. Gleich mehrere Schlösser und vom Verfall bedrohte Burgen hat er gekauft und stilgetreu wieder herrichten lassen. Auch die Wiener Rettungsgesellschaft und andere soziale Institutionen hat er gegründet. Am berühmtesten aber wurde er durch die von ihm finanzierte Nordpolexpedition. Eine unbedeutend kleine Insel wurde nach ihm benannt. Kaisertreu wie er nun einmal war, wurde das größere Eiland Kaiser-Franz-Joseph-Land genannt. Das alles ist eine ganze Weile her und Hans Wilczek schon ein alter Mann, als seine Enkelin wieder einmal die Geschichte von der Nordpolexpedition im Jahr 1873 erzählt bekommen möchte.

Das Palais Wilczek bot aber auch Dichtern Asyl. Wieder

taucht der Name Grillparzer auf. Der Schriftsteller hat in den vierziger Jahren des 19. Jahrhunderts hier eine Weile lang gewohnt, und Anfang des 19. Jahrhunderts lebte der große Dichter der Romantik, Joseph von Eichendorff, mit seinem älteren Bruder bei den Wilczeks. Der damals ganz junge Eichendorff züchtete Zaunkönige in den edlen, hohen Räumen des Palais und hielt sich noch ein anderes sonderliches Haustier, eine giftlose kleine Schlange. Sie wurde »Potscherl« genannt und soll ihn sogar bei seinen Ausgängen begleitet haben, gut versteckt in der Brusttasche seines Rocks. Die oberschlesischen Freiherren von Eichendorff waren entfernte Verwandte der Wilczeks und die Gastfreundschaft, die sich notabene auch auf Schlangen und Zaunkönige erstreckte, darum doppelte Selbstverständlichkeit.

Sehen Sie, in Wien ist die Vergangenheit lebendig wie in keiner anderen Stadt. Deswegen sind Sie vermutlich hier. Aber passen Sie auf, daß Sie sich nicht verlieren in dieser Vergangenheit, in ihren Geschichten und Bildern. Teilweise kommen ja auch die Wiener nicht davon los, sie funktionieren immer noch nach den alten obrigkeitsstaatlichen Gepflogenheiten, selbst wenn sie die Errungenschaften der modernen Demokratie noch so sehr beschwören und ihre alten, ins Kaiserreich zurückreichenden Wurzeln nicht wahrhaben wollen. Allein, es nützt ihnen nichts, den Wienern, meine ich. Bis hier die Vergangenheit so weit weg sein wird, daß sie niemanden mehr einholt, wird es noch Hunderte Jahre brauchen. Aber was sind schon einige hundert Jahre bei einer tausendjährigen Geschichte!

Wo, bitte, ist Ihr »Cafézuhaus«?

Nun aber rasch ins Kaffeehaus. Bestimmt sehnen Sie sich schon nach einem echten Wiener Kaffee. Wohltuende Wärme strömt Ihnen entgegen, falls Sie in der kalten Jahreszeit unterwegs sind. Zigarettendunst und Kaffeegeruch liegen in der Luft, und Sie haben sich schon von draußen über die Menschen drinnen gewundert, die gemütlich und scheinbar ohne ein Gefühl für die verrinnende Zeit in einen Stapel Zeitungen versunken sind, angeregt konversieren oder am hellichten Tage Billard spielen. »Über der Kasse hing zwar eine Uhr«, heißt es bei Joseph Roth, »sie tickte sogar, wurde jeden Abend vom Oberkellner Franz aufgezogen, aber sie hatte keinen Zeiger.«

Ein Kaffeehausbesuch in Wien, so einfach er auch erscheinen mag, ist eine komplexe Angelegenheit. Türen und Tore voller Mißverständnisse können sich da auftun. Etwa, wenn Sie, wie der Schriftsteller Jörg Mauthe Ihnen unterstellen würde, zu denjenigen Deutschen gehören, die »das Wiener Café für eine Stätte des Vergnügens« halten. Nichts sei falscher als das. Wenn Sie dort aber wiederum bloß einen Kaffee trinken, sich aber gar nicht vergnügen wollen, leben Sie ebenfalls am Wesen dieser Institution vorbei. Noch viel schlimmer ist es allerdings, wenn Sie dem Mythos des Wiener Kaffeehauses erliegen und somit der Imagewerbung dieser Stadt auf den Leim gegangen sind. Schließlich läßt sich nicht einmal genau sagen, ob es das echte Wiener Kaffeehaus überhaupt noch gibt! Wie übrigens vieles andere hierzulande: der Wiener Schmäh, die Heurigen, das Morbide – alles sei nicht mehr das, was es einmal war, hört man. Einen Satz, den man tröstlicherweise immer schon zu hören bekommen hat.

»Wien kennt vier Vergangenheitsformen: die Mitvergangenheit, die Vergangenheit, die Vorvergangenheit und die Blütezeit«, hat Hans Weigel, einer jener legendären – letzten? – Kaffeehausliteraten, spitzfindig formuliert. Debatten über das Aussterben gehören so sehr zu Wien, daß den Protagonisten die paradoxe Komik solcher Auseinandersetzungen manchmal gar nicht mehr auffällt. Da wird etwas beharrlich für inexistent erklärt, obwohl es sich vor den Augen aller entfaltet. Ein Phänomen, das sich auch beim hier ansässigen Adel oder dem Wiener Beisl, dem typischen Wiener Wirtshaus, beobachten läßt. Ein Beispiel: In vier von fünf einleitenden Essays zu einem Führer durch »Beisln und Altwiener Gaststätten« wird die Existenz dessen, was Gegenstand des Buches ist, auf das humorvollste, hintersinnigste und urwienerischste bezweifelt. Nur Bürgermeister Michael Häupl schlägt optimistischere Töne an, fühlt sich durch den Umstand, über das Wiener Beisl schreiben zu müssen oder zu dürfen, nicht gleich bemüßigt, eine Grabrede auf diese »Säule des Wienertums« zu halten. Das Wiener Kaffeehaus, so sehe ich die Dinge, ist lebendig, und zwar deshalb, weil es nichts Praktischeres auf der Welt gibt als diese auf die menschlichen Bedürfnisse zugeschnittene Institution. Da mögen die koffeinsüchtigen Wiener noch so sehr den vielen Segafredos der Stadt zusprechen.

Es ist kalt oder drückend heiß, die Füße wollen ihren Dienst verweigern, der Geist braucht Tageszeitungen und die Sinne eine Melange. Irgendeinen Grund gibt es immer, ins Kaffeehaus zu gehen. Ich bin einmal in der Früh nach Hamburg geflogen und hatte zwei Stunden Zeit vor meinen Terminen. Doch ich fand kein Kaffeehaus, nur Mövenpicks und Bars, aus denen schon in der Früh die Musik herausquoll und in deren Luft stets eine Aufforderung zum Rendezvous liegt; Orte also, die man am Vormittag nicht aufsuchen kann. Ein Wiener Kaffeehaus hingegen kann man nicht nur, man sollte es sogar gleich in der Früh betreten, weil man dann ein Ei im Glas zur Melange und eine Buttersemmel bestellen kann. Das mit der Melange, dem Braunen oder dem Schwarzen wissen Sie bestimmt. Sie würden auch nicht auf den Gedanken kommen, eine Schale oder – schlimmer noch – ein Kännchen Kaffee zu bestellen? Oder doch? Also gut: Sagen Sie einfach »einen kleinen Schwarzen, bitte«, dann wird Ihnen der Oberkellner einen kleinen Espresso servieren. Der große Braune ist demnach, wie Sie sich leicht ausrechnen können, ein großer Espresso mit einem Schuß Milch, die Melange ein kleiner Espresso mit viel Milch, der Kapuziner begnügt sich mit einem Schuß Obers (Sahne), und der Einspänner ist schwarzer Kaffee in einem Glas mit einer Portion Schlagobers (Schlagsahne). Der Name erinnert an die Kutscher, die früher vor den Cafés auf Kundschaft warteten und in einer Hand den Zügel, in der anderen das Henkelglas mit dem Kaffee hielten. Ihre Kutschen waren meistens Einspänner, wurden also von nur einem Pferd gezogen.

Damit Sie endgültig vom Tourist zum Gast avancieren, bestellen Sie nun eine Semmel (statt Brötchen) oder ein Kipferl (statt Hörnchen) und reden den Kellner mit »Herr Ober« an. Nach hundert Besuchen können Sie auch »Herr Franz«, nach tausend sogar nur noch »Franz« zu ihm sagen.

Jedem sein eigener »Tabernakel«

Sie haben sich ins Prückel am Stubenring begeben, gerade durch ein leichtes Heben der Hand und ein gekonntes »Herr Ober« dessen Aufmerksamkeit auf sich gelenkt und wenig später »einen kleinen Braunen« bestellt. Warum ich Sie ausgerechnet ins Prückel und nicht in das viel feiner wirkende Café Schwarzenberg oder das von Politikern und Presseleuten frequentierte Landtmann gelockt habe? Weil das Prückel eines der wichtigsten Kaffeehausgesetze ziemlich nachhaltig beherzigt. Als eines der wenigen erhaltenen Ringstraßencafés, aber im Stil der fünfziger Jahre eingerichtet und nie renoviert (und wenn, dann so, daß es niemand gemerkt hat), verpflichtet das Prückel dennoch zu nichts. Man kann gut angezogen oder in zerschlissener Hauskleidung hingehen, halb im Schlaf, mißmutig in sich gekehrt oder aufmerksam in der Rolle des stillen Beobachters vor seinem Kaffee sitzen. Man kann lange bleiben oder nur kurz, arbeiten oder vor sich hin schauen, alleine sein wollen oder Jagd auf sein Gegenüber machen. Hier muß man nichts, nur *sein*, und das ist, wie man weiß, schon recht viel.

Der Schriftsteller Reinhold Schneider hat Ende der fünfziger Jahre seine Vormittage im Prückel zugebracht und an seinem Buch *Winter in Wien* geschrieben. Ausgerechnet dieses Café schien ihm für sein »Hören«, sein »Empfangen« und seine »lernende Existenz in dieser Stadt« zweckdienlich, obwohl es nie ein ausgewiesenes Literaturcafé war. »Wie zu erwarten oder zu befürchten war, hat sie [die Stadt] das Netz über mich geworfen«, schrieb der Dichter und weiter: »Die Stadt arbeitet an mir und ereignet sich innerhalb der engen Grenzen meiner Existenz und meines Sehvermögens.« Auch heute noch ist es jenes Zweckdienliche, das das Prückel lebendig hält. Bestimmt sehen sie eine Runde Studenten, die ihr Universitätsleben auf vier zusammengerückte

Resopaltische verlegt haben, alte Damen mit ihren Hunden, die zwei- bis dreimal die Woche auf einen Einspänner oder Kapuziner vorbeikommen, Architekten und Künstler bei der Arbeit und viele über Zeitungen, Bücher, Manuskripte und sonstige Schriften gebeugte Gesichter. Wie alle Erscheinungen von Bedeutung, Erscheinungen, die also nicht selbst etwas sein wollen, sondern nur auf etwas hindeuten, hat das Prückel seine ganz eigene Aura, ist Wohnzimmer und öffentlicher Raum zugleich, ein Ort maximaler Freiheit also.

Das Café Schwarzenberg hingegen ist zur schmucken Touristenfalle geworden. Hier frönt man dem Klischee und läßt das Gemurmel der Gäste durch sanftes Klavierspiel untermalen. Ein grober Unfug, denn »die Musik paßt so gut ins Wiener Kaffeehaus wie eine Music-Box in ein Sanatorium für Nervenleidende«, stellte Jörg Mauthe trocken fest. Zum Wesen des Wiener Kaffeehauses gehört seine Unaufdringlichkeit. »Haben der Herr noch einen Wunsch?« gilt denn auch als verpönter Satz, der einem echten Ober nie über die Lippen kommen würde. Uneingeweihte mögen die Regel, daß der Gast durch nichts zu stören sei, als die typische Arroganz der Wiener Kellner mißinterpretieren. In Wirklichkeit geht es um einen liebevollen Dienst am Gast. Wie sonst wäre es möglich, daß man sich – und das gilt in guten Wiener Cafés immer noch – einen ganzen Vor- oder Nachmittag lang bei einem kleinen Braunen und mehreren Wassergläsern nicht fehl am Platz vorkommt? Wer dann doch einmal zahlen möchte, wird nicht beachtet, Kellner und Ober schauen durch den aufbruchswilligen Gast hindurch. Wer hat dieses mühselige Ritual nicht schon über sich ergehen lassen müssen? Der Ober segelt durch den Raum, nimmt Bestellungen auf, schwirrt in die Küche, läßt sich von Ihrem »Herr Ober, bitte zahlen« nicht aus der Ruhe bringen. Nein, er und die bleibenden Gäste bilden ein harmonisches, gemütliches Ganzes, und derjenige, der sich diesem Kunstwerk entziehen will, wird ignoriert, und zwar derart eklatant, daß ein leidgeprüfter Dichter in den späten vierziger Jahren darüber sogar einen Theatersketch zu Papier gebracht hat. *Die Kellnerprüfung* heißt er und geht der wichtigen Frage nach, was um Himmels willen zu tun sei, wenn der Gast zahlen will. Kellner Karl: »Dann derf der Ober nie sofort hingehen. Sofort hingehen is absolut unfein, das schauert ja aus, als ob ma in St. Pölten ausgelernt hätt' und net beim ›Sacher‹. Besser Fliegen fangen oder jede andere Arbeit, nur net hingehn!«

Nun haben Sie doch noch einen Blick ins Café Landtmann geworfen, einen Kuchen bestellt, obwohl man hierzulande eigentlich Bäckerei sagt, und eine kleine Milieustudie begonnen. Es ist Freitag, kurz nach 15.00 Uhr, Feierabend für die Beamten aus dem nahen Rathaus und den Ministerien. Ein Politiker, umringt von Journalisten, tritt nach erfolgter Pressekonferenz aus dem Hinterzimmer und palavert jovial und per Du mit dem Redakteur vom Fernsehen, der Dame von der Tageszeitung *Die Presse* und der Kollegin vom Hörfunk. Bankangestellte, Anwälte, Herren aus der Wirtschaft. Es herrscht eine entspannte Arbeitsatmosphäre. Am Tisch in der Fensternische schräg vis-à-vis wird schnell noch eine kleine Intrige gestartet, hinter Ihnen ein Gerücht lanciert, neben Ihnen beschwert sich eine Angestellte bei ihrer Kollegin über ihren Chef, ihren Gatten und die Doppelbelastung als berufstätige Mutter, bevor sie zur Schule ihres Kindes enteilt. Im Landtmann ist das Publikum gesetzter, aber nicht unbedingt eleganter.

Daß Politiker und Beamte das Café als ihren Tummelplatz verstehen, ist eine alte Wiener Sitte, und daß sie dort ihrer Arbeit nachgehen, gute Tradition. Nach dem Scheitern der bürgerlich-liberalen Revolution von 1848 und der Entstehung der Doppelmonarchie 1867 erließ Ministerpräsident Auersperg ein Rundschreiben an die Behörden, in dem er veranlaßte, daß Zeitungen gewissenhafter als bisher kontrolliert werden sollten. Damit ihnen kein Zeitungsblatt entgehe, forderte er sie auf, »die Kaffeehäuser zu besuchen«. Die Kaffeesieder, meist Anhänger einer liberalen Weltanschauung, witterten die neue Kundschaft und abonnierten nebst der normalen offiziösen Tagespresse, etwa der *Wiener Zeitung*, Blätter mit revolutionären Tendenzen, um die Beamtenschar so lange wie möglich beschäftigt und im Café zu halten. »Herr X ist einer der tätigsten und verwendbarsten meiner Beamten, denn er ist fast nie im Büro zu sehen, und es gibt wenige Kaffeehäuser, in welchen er nicht Stammgast ist. Er ist so unermüdlich in seiner Pflichterfüllung, daß er es schon an manchen Tagen auf vier Portionen Kaffee mit sechzehn Kaisersemmeln gebracht hat, und wiederholt hat ihn die hereinbrechende Nacht noch bei einem Glas Eierpunsch überrascht. Die Slibowitze aber, die er dem Staat geleistet, sind so unzählig, daß sie allein schon genügen, seine Beförderung in eine höhere Diätklasse zu rechtfertigen«, hielt der berühmte Feuilletonist Daniel Spitzer 1876 für sein Buch über Wien fest.

Ob Sie nun eher dem Café Prückel oder dem Café Landtmann zuneigen? Sie können sich vorstellen, für welches ich plädiere: fürs Prückel. Wenn Sie sich hingegen für das Landtmann erwärmen, können Sie ebenso nach Salzburg oder Graz weiterreisen, wo es solche Kaffeehäuser auch noch gibt.

Nirgendwo aber werden Sie etwas derart grandios Verlottertes wie das Café Westend in der Nähe des Westbahnhofs finden, etwas so Uriges wie das Café Hummel in der Josefstädterstraße, im 8. Bezirk, oder etwas so ungemütlich Enges wie das Kleine Café in der Innenstadt am Franziskanerplatz. Jeder hier hat sein Lieblingscafé, sein »Cafézuhaus«, die Verlängerung seines eigenen Wohnzimmers, und wird es für den einzig wahren noch intakten Nachfahren des guten alten Kaffeehauses halten. Für den Wien-Korrespondenten der *Süddeutschen Zeitung* zum Beispiel ist das Jelinek »der Tabernakel«: »gültige Zusammenfassung von Verköstigung, Gelehrsamkeit, Verliebtheit und Konspiration«. Michael Frank genießt in diesem versteckten Café im 6. Bezirk in der Otto-Bauer-Gasse das »Privileg eines großen Häferlkaffees statt einer schmalen Melange« und ist der Überzeugung, daß, wer das Jelinek und seine Vorzüge nicht erkannt, Wiens Kaffeehäuser nicht wirklich gesehen habe.

An den Wänden des Jelinek hängen Spiegel, an denen die Zeit nicht spurlos vorübergegangen ist. Spiegel gehören in ein Kaffeehaus wie der selbstbewußte Oberkellner, das unnachahmliche Zischen der Kaffeemaschine, die Billardtische, Zeitungsinseln und die milchig-braune Wandfarbe. Denn es stimmt zwar, daß sich der Kaffeehausbesucher unbeobachtet und zu Hause fühlen sollte, aber wahr ist auch, daß dem Wiener nichts über seinen Voyeurismus geht. Durch die Kaffeehausverspiegelung kann er alles sehen, um genügend zu wissen. Vielleicht ist auch das ein Grund, warum es die Dichter dieser Stadt immer hierhergezogen hat. Doch im Vergleich zur Blütezeit der Wiener Kaffeehausliteratur findet man sie heute nicht mehr an einem Ort versammelt. Vielmehr entdeckt man sie, unscheinbar und zurückgezogen, zwischen dem normalen Publikum. Im 1. Bezirk, im Bräunerhof, konnte man in einer Ecke Thomas Bernhard vor einem kleinen Braunen sitzen sehen, im 6. Bezirk, im Café Sperl, betreibt, wenn er in Wien ist, der Schriftsteller Robert Menasse seine Studien. Menasse hat noch ein zweites Lieblingscafé. Die verständigen Besitzer haben ihm sogar einen ihrer Sessel geschenkt, damit er sich auch in seiner Schreibklause so zu Hause fühlt wie im Kaffeehaus. Manche, wie die Dramatikerin Marlene Streeruwitz, haben sich unbekannte Kleinode an unvermuteten Orten gesucht, Geheimtips, die so geheim sind, daß weder

Adresse noch Name bekannt werden dürfen, man weiß schließlich wie schnell Biotope dieser Art ihren Reiz verlieren, wenn sie auch nur einmal in schwärmerischen Tönen irgendwo schwarz auf weiß erwähnt wurden. Aber vielleicht finden Sie ja jemanden, der Sie nach aufrichtig geleisteten Schweigeversprechungen in sein Caféparadies führt.

Zwischen Heimat und Obdachlosigkeit

Das Café Raimund gegenüber vom Volkstheater diente Hans Weigel als Arbeitsplatz. Der 1991 verstorbene Autor und Theaterkritiker hielt dort Redaktionskonferenzen ab, er empfing Besuch von auswärtigen Journalisten und Verlegern, nahm seine Post und die Premierenkarten in Empfang, wurde zum Telefon gerufen und von soeben verrissenen Regisseuren beschimpft, kurzum, hier war sein Büro. Um in Ruhe schreiben zu können, flüchtete er indes ins Café Hawelka. Damals, in den fünfziger Jahren, war das versteckte Lokal in der Dorotheergasse noch unbekannt. Hans Weigel selbst gab seine gute Schreibstube und damit seine Ruhe preis, als er eines Nachts in fröhlicher Kollegenrunde »obdachlos« durch die Innenstadt zog und sie ins Hawelka führte, wo sie dann bis zur Sperrstunde um zwei Uhr früh blieben. Das war die wahre Geburtsstunde dieses legendären Literatur- und Künstlercafés, dem einzigen wahren Nachfolger der großen Wiener Tradition.

Nun sind wir also beim Mythos angelangt, der Wiener Kaffeehausliteratur, deren Protagonisten und den Spuren, die von jener »Welt von Gestern« in der heutigen Stadt noch zu finden sind. Jener historischen Epoche, so reich an Legenden, Anekdoten und berühmten Namen, daß sie ganze Bücherwände füllt. In den Büchern lebt der Mythos fort. Die Belebungsversuche der Touristikbranche schlagen dagegen oft fehl. Daß zum Beipiel im Café Central die Pappmaché-Statue des berühmten Autors Peter Altenberg sitzt, ist der geschmacklose Versuch, dem Lokal eine gewisse Patina zu verleihen.

Doch die Geschichte beginnt noch einige Jahre früher, gegenüber, im Café Griensteidl, im Erdgeschoß des Palais Herberstein. Hermann Bahr hat hier um 1890 eine Gruppe junger Schriftsteller um sich geschart. Arthur Schnitzler, Richard Beer-Hofmann, Hugo von Hofmannsthal, Felix Salten und Karl Kraus. Die meisten von ihnen gehörten zum jüdischen Bürgertum und zu jenen, die das geistige und künstlerische Leben Wiens nachhaltig prägen sollten. Das Griensteidl wurde für sie zum literarischen Verkehrsknotenpunkt. Nicht nur deshalb, weil sich dort alles traf, was Rang und Namen hatte. Auch damals schon war es die Zweckmäßigkeit, die die Künstler und Intellektuellen anzog. Karl Kraus erklärt die Beliebtheit des Griensteidl folgendermaßen und wehrt sich vehement gegen die Schließung desselben: »[Es ist] die erdrückende Fülle von Zeitungen und Zeitschriften, die den Besuch unseres Kaffeehauses gerade für diejenigen Schriftsteller, welche nach keinem Kaffee verlangten, zu einem wahren Bedürfnis gemacht hatte. Braucht es den Hinweis auf sämtliche Bände von Meyers Conversationslexikon, die, an leicht zugänglicher Stelle angebracht, es jedem Literaten ermöglichten, sich Bildung anzueignen? Auf das reine Schreibmaterial, das für unvorhergesehene Einfälle stets zur Hand war?« Sein berühmt gewordener Satz: »Unsere Literatur sieht einer Periode der Obdachlosigkeit entgegen« konnte das Ende nicht verhindern, aber die Übersiedlung der Literaturgemeinde ins Café Central, zweihundert Meter weiter, war damit eingeleitet. Neue, bald berühmte Autoren gesellten sich zu den alten und profitierten von den vorhandenen Strukturen: Egon Friedell, Alfred Polgar, Peter Altenberg (letzterer gab als

Privatadresse oft »Wien 1, Café Central« an). Karl Kraus verläßt das Central nach kurzer Zeit und übersiedelt ins Café Imperial. Dort ist es ruhiger, konzentrierter, der Arbeit dienlicher. Hofmannsthal folgt, und auch Rainer Maria Rilke, Franz Werfel, Sigmund Freud und Gustav Mahler sieht man häufig in diesem Kreis. Nicht weit vom Imperial entfernt, in unmittelbarer Nähe zur Akademie der bildenden Künste, haben vor allem Musiker und Künstler ihr Domizil aufgeschlagen. Im von Adolf Loos eingerichteten Café Museum treffen sich Franz Lehár, Alban Berg, Oscar Strauß, aber auch Oskar Kokoschka und Egon Schiele, am Montagnachmittag hält Robert Musil dort hof. Das Museum trotzte lange allen Modernisierungsanstrengungen und touristischen Vereinnahmungen und bot in seinem dunstig-undergroundigen Ambiente den Nachfahren von Kokoschka aus der nahe gelegenen Akademie der bildenden Künste Zuflucht. Doch dann ist auch dieses Kleinod eines anderen Welt- und Zeitverständnisses der Totalsanierung zum Opfer gefallen, in seinem angeblichen Originalzustand dämmert es jetzt steril und seelenlos vor sich hin.

Nach dem Ersten Weltkrieg übersiedelte die junge Literatur ins Café Herrenhof, das es nicht mehr gibt, und mischte sich dort mit allem, was die zwanziger und dreißiger Jahre in Wien an Intellekt aufzubieten hatten: Hier verkehrten Alfred Adler, der Begründer der Individualpsychologie, die Schriftsteller Leo Perutz, Alfred Polgar und Heimito von Doderer und der spätere Hollywood-Regisseur Billy Wilder, damals Abgänger des Piaristengymnasiums und Boulevardjournalist, und schließlich Joseph Roth, Robert Musil und Friedrich Torberg.

Hitlers Einmarsch und der Zweite Weltkrieg setzten dem allen ein Ende. Wiens geistige Elite wurde fast zur Gänze vertrieben, viele ermordet, und nur wenige hieß man nach dem Krieg zu Hause wieder willkommen. 1973 wollte der österreichische Bundeskanzler Bruno Kreisky den Maler Oskar Kokoschka aus der Schweiz wieder nach Wien zurückholen und ihn nach allem, was geschehen war, mit der österreichischen Staatsbürgerschaft ehren. Da Kokoschka aber keinen ordentlichen Wohnsitz in Österreich hatte, die Behörden aber auf ihrer Quadratur-des-Kreises-Regelung – ohne Wohnsitz keine Staatsbürgerschaft – beharrten, bot Kreisky, selbst jüdischer Herkunft, eine geradezu rabbinische Lösung an: Oskar Kokoschka habe, so der Kanzler, seinen ordentlichen Wohnsitz in der Armbrustergasse 15, eine Adresse, die jegliches Nachfragen überflüssig machte, da dort nämlich Kreisky selbst bis zu seinem Tod lebte. Kokoschka amüsierte sich über diese Chuzpe und unterzeichnete seine Briefe an den Kanzler fortan mit »Ihr Untermieter«. Nachdem der Coup im Frühjahr 1974 schließlich erfolgreich abgeschlossen war, schrieb Kokoschka an Kreisky: »Ich bin sehr geehrt, daß Sie sich darüber freuen, mich noch lebendig der Republik einzuverleiben. Ich hoffe für mich und für Österreich, daß es diesmal zum letzten Mal sein wird, daß ich mich häuten mußte. [...] Ich danke Ihnen, sehr verehrter Freund, für den unerwarteten Geniestreich. (Man könnte es auch einen Handstreich nennen.)« In Wien muß eben alles seinen bürokratisch richtigen Weg gehen, an den Fakten freilich darf herumretuschiert werden.

Friedrich Torberg, aus dem amerikanischen Exil nach Wien zurückgekehrt, traf schon am zweiten oder dritten Tag auf Hans Weigel. »Wo sitzt man nach Mitternacht?« soll er den Kollegen gefragt haben. »Im Hawelka«, sagte Weigel stolz, der »sein« Café soeben seiner Clique preisgegeben hatte. »Das ist ja nur bis zwei offen«, beanstandete Torberg, wurde aber dennoch unverzüglich Stammgast im Hawelka. Und viele andere für das geistige Klima Wiens wichtige Leute fanden in dem ewig schlecht gelüfteten, dem Ansturm der Gäste nur durch die herrischen Umschichtungsaktionen von Frau Hawelka gewachsenen Lokal ihre neue Heimat. Heimito von Doderer natürlich, jüngere Kollegen wie Milo Dor oder Jörg Mauthe, H. C. Artmann und Konrad Bayer, die Künstler der Wiener Schule des phantastischen Realismus, etwa Wolfgang Hutter, sowie Schauspieler und zu später Stunde auch noch André Heller. Hilde Spiel war eine der wenigen Frauen mit Zutritt zum erlauchten Kreis; Mädchen hingegen wurden immer mitgenommen. Wer kein Stammgast war und nicht die Gunst von Josefine Hawelka genoß, bekam in den guten Jahren des Cafés oft keinen Platz; schon für diejenigen, die hier sozusagen ein Wohnrecht hatten, mußte umgesetzt beziehungsweise eben umgeschichtet werden. Dabei pferchte Frau Hawelka nach eigenem Gutdünken ihre Gäste an Tischen ihrer Wahl zusammen, damit Platz für weitere Stammgäste entstand. Ein fröhliches Ritual, das man schicksalsergeben über sich ergehen ließ.

In den achtziger Jahren ging es, so hieß es, mit dem Hawelka bergab. Immer öfter kamen sich die Stammgäste fremd vor, wurden vom Nebentisch als »echte letzte Wiener Kaffeehausliteraten« begafft und von Epigonen nachgeahmt. Und so kam es, daß André Heller schrieb, im Hawelka säßen »eine Vereinigung der Gescheiterten, die mit mehr oder weniger großem Aufwand ihr eigenes Scheitern zu verheimlichen sucht«. Bloß beim »gütigen Ober gilt man als das, was man beinahe geworden wäre«. Im Hawelka wechselten die Kellner, wie in jedem guten Wiener Kaffeehaus, vorsorglich nie.

Ob das Café Hawelka heute wirklich tot ist? Auch ich war seit den achtziger Jahren nur noch selten dort, vielleicht weil nicht mehr die richtigen Leute dasaßen oder ich sie nicht mehr für die richtigen hielt. Doch im Gegensatz zum Café Central bin ich mir beim Hawelka nicht so sicher. Sie müssen schon selber schauen, ob es zu einem Denkmal seiner selbst herabgekommen ist oder ob sich dort neues Leben regt. Ob es »Wiens frequentierteste Telephonzelle« gleich neben der Eingangstür seit Handytagen noch gibt? Kaum vorstellbar. Also gibt es auch kein »Herr Sowieso wird verlangt« mehr, jenes untrügliche Zeichen dafür, daß Herr Sowieso jemand ist, ein Stammgast, jemand, der zur Hawelkakultur und somit zu einer ganz bestimmten intellektuellen Elite der Stadt gehört. Wirklich vorbei kann es mit dem Hawelka jedoch nicht sein, denn der Ruf seiner im März 2005 verstorbenen Besitzerin Josefine Hawelka, die mit ihrem mittlerweile weit über 90jährigen Mann das Urgestein der Wiener Kaffeehaustradition bildete, wirkt nach – vielleicht sogar bis in alle Ewigkeit. Der Maler Wolfgang Hutter hat seinerzeit einmal sehr treffend über die ebenso grazile wie zähe graue Eminenz, Josefine Hawelka, geschrieben, sie hätte »die Geschicklichkeit eines Varietékünstlers, einen Elefanten in eine Hutschachtel zu placieren«. Er und viele andere sind nach der Blütezeit des Lokals über viele Jahre vor allem wegen ihr und ihren berühmten, das Café mit einem verheißungsvollen Duft durchziehenden Buchteln ins Hawelka gegangen. Für manche kochte sie in ihrer winzigen Kochnische sogar nach der Sperrstunde noch auf, und nicht wenige von den Einsamen, deren Streifzüge durchs Leben immer wieder ins Hawelka führten, haben sie zum veritablen Mutterersatz auserkoren. »Wenn ich verzweifelt bin, weiß sie es, nimmt stumm meine Hand oder kocht mir kommentarlos ein Kompott«, verriet André Heller.

Ich bin irgendwann vom Hawelka ins Oswald & Kalb übersiedelt. Zwar ist dies kein Kaffeehaus, aber ein Wiener Beisl, ein Nobelbeisl, wie der zu Anfang genannte Wiener Beislführer korrigierend einwerfen würde. Diese Unterscheidung ist deshalb wichtig, weil das Nobelbeisl, wie es in den inneren Bezirken der Stadt anzutreffen ist, auf gewisse Weise die Tradition der Wiener Kaffeehäuser weiterführt, während das echte Beisl eigentlich proletarischer, nicht bürgerlicher oder bildungsbürgerlicher Herkunft ist. Für etliche Jahre ging man ins Oswald & Kalb. Hinten, neben der Küche, gab es einen berühmten Stammtisch, an dem sich nahezu allabendlich eine Clique aus Schriftstellern, Journalisten, Politikern und Künstlern versammelte. Man polemisierte, witzelte, jammerte und wartete auf den Auftritt von Robert Hochner (dem leider zu früh an Krebs verstorbenen österreichischen Ulrich Wickert), der in der Regel kurz vor Mitternacht direkt aus dem Fernsehstudio im Oswald & Kalb eintraf. Vieldeutig lächelnd hängte er seinen schicken Staubmantel und den Schal an einen Garderobenhaken und, noch ganz beschwingt von den soeben von ihm moderierten Abendnachrichten, der ZiB 2, gab er den neuesten Schwank aus der Innenpolitik zum besten.

Dann, irgendwann, wurde die Clique aus dem Oswald & Kalb vertrieben. Wie man sich erzählt, hatte ein Gast des Lokals, auch ein ehrwürdiger Stammgast, aber einer anderen Clique zugehörig als wir, kurzerhand das Lokal gekauft und den Stammtisch geentert. Wir, die alten Stammgäste, blieben indes nicht lange »obdachlos«. Der Oberkellner des Oswald & Kalb fühlte sich seiner alten Gästeschar viel zugetaner als den neuen »Pülchern« (den Gaunern), weswegen er zusammen mit einem der berühmtesten österreichischen Gegenwartskünstler, dem Maler Christian Ludwig Attersee, gleich gegenüber das Neu Wien eröffnete, größer, aber mit der gleichen Patina, der gleichen dunklen Holztäfelung und der gleichen Speisekarte. Erst hier erhielt ich die höheren Stammgastweihen. Zehn Jahre hatte es gedauert, vom mitgebrachten »Mäderl« über den weit besseren Status der »Freundin von …« zur eigenständigen »Stammgästin« zu werden. Die weibliche Form, die es laut Duden gar nicht gibt, geht einem freilich nur holpernd über die Lippen. Einmal, als der Oberkellner Wanja im Neu Wien keinen Tisch für mich hatte, sagte ich voller Entrüstung zu meiner Begleitung: »Zehn Jahre saß ich am Stammtisch im Oswald & Kalb, und nur weil ich immer mit irgendeinem Mann dahergekommen bin, kennt mich der Wanja immer noch nicht.« Wanja hatte den Gefühlsausbruch gehört, und im Handumdrehen hatten wir einen Tisch und ich – endlich – mein Stammlokal. Damals hatte ich Wien längst verlassen, und doch fühlte ich mich erst durch diesen Ritterschlag der Stadt wirklich zugehörig. Erst seither ist mir die große Bedeutung des kleinen Wörtchens »Stamm« in ihrer ganzen Tragweite klar, erst seit jenem denkwürdigen Tag weiß ich mich eingereiht in die gute Gesellschaft all jener, die in Wien ebenfalls berechtigte Besitzansprüche auf ein Beisl, einen Heurigen oder ein Café haben. Und doch bin ich schon wieder »obdachlos«, Wanja und Attersee haben das Neu Wien verlassen und es gestandenen Gastronomen übergeben. Wo soll ich jetzt sitzen nach Mitternacht?

Einmal um die Ringstraße

Es war an einem Nachmittag in der Nähe des Rings, nur wenige Schritte vom Hotel Intercontinental entfernt, in der psychoanalytischen Praxis von Dr. Harald Leupold-Löwenthal. Der honorige, nasales Beamtendeutsch parlierende Universitätsdozent, Präsident der Sigmund-Freud-Gesellschaft, Wächter über die reine Auslegung der Lehre des Meisters, gab mir ein Interview. Darin erzählte er, Freud habe mitunter eine den heutigen Usancen fremde Form der Analyse praktiziert.»Einmal um die Ringstraße« hieß das Therapieprogramm. Wahrscheinlich trug Professor Freud dabei Gehrock und Hut, hörte auf seine unnachahmlich aufmerksame Art zu und übertrug das Gehörte auf die Stadtkulisse, die Ringstraße, jenem Prachtboulevard, der Wiens Antlitz im 19. Jahrhundert vollkommen verändert hatte.

»Einmal um die Ringstraße« ist eine schmerzlos kurze Analyse. Vielleicht waren die seelischen Störungen zu Freuds Zeit weniger gravierend? Oder der Meister verfügte über widernatürliche Heilkräfte? Oder aber seine heutigen Nachfahren haben mit ihren zehn Jahre dauernden, einmal pro Woche auf der Couch auszutragenden Sitzungen irgend etwas falsch verstanden? Nicht, daß jede Analyse so lange dauert und ausschließlich klassisch waagrecht erfolgt, aber ich habe doch immer wieder derart umfassend Therapierte getroffen, und manche von ihnen hatten ihren Seelenfrieden trotzdem nicht gefunden. Vielleicht ist es einfach so, daß wir nachfreudianischen Menschen – zumal als Wiener – unser ganzes Leben lang Psychoanalyse betreiben, ob nun auf der Couch oder im gemeinen Leben, schließlich hat die Psychoanalyse seit ihrem Entstehen alle Lebensbereiche, von der Medizin über die Kultur und Kunst bis zur Philosophie, durchdrungen. Neben der Sachertorte ist sie der wichtigste Wiener Exportschlager von Weltrang.

»Einmal um die Ringstraße«. Mit einem Mal wurde mir der Seelendoktor aus der Berggasse ziemlich sympathisch. Ich hatte ihn mir ernster vorgestellt, hatte das Zwinkern in seinen Augenwinkeln übersehen, vielleicht, weil es aus dem Gesicht des alten, durch ein Krebsleiden gezeichneten Mannes verschwunden war oder weil ausgerechnet jene Fotos, die ihn knapp vor seiner erzwungenen Emigration 1938 nach England zeigen, so berühmt geworden sind. Sie freilich vermitteln einen zutiefst ernsten, die Fassung scheinbar nur recht und schlecht durch den schlabbernden Anzug wahrenden Sigmund Freud. Bilder, die an all die anderen Ermordeten, aus dieser Stadt Vertriebenen und nicht mehr Zurückgekehrten gemahnen.

»Einmal um die Ringstraße«. Hatte Freud geahnt, daß die räumlichen Koordinaten seiner Kurzanalyse wie ein Psychogramm der Stadtseele und ihrer Bewohner gelesen werden können? Die Entstehung der Ringstraße sprengte das mittelalterliche Korsett der Kaiserstadt und verwandelte sie während dreißig Jahren Bauzeit in eine moderne Metropole des 19. Jahrhunderts. Mit ihren Repräsentativbauten, den neuen Zentren der politischen und kulturellen Macht, wurde die Ringstraße zum öffentlichen Raum der Wiener schlechthin. Bis heute feiert die Kultur hier laute Triumphe, und die Politik ergeht sich in wechselhaften Dramen. Einst Aufmarschplatz für Militärparaden und Leichenkondukte, Staatsfeierlichkeiten wie das sechzigjährige Regierungsjubiläum von Kaiser Franz Joseph, war die Prachtstraße 1918 Forum für die revolutionären Arbeiter und bis heute der Ort der Erste-Mai-Feiern. Als am 15. März 1938 Adolf Hitler vom Balkon der Neuen Hofburg zu den Menschen auf dem Heldenplatz sprach, jubelten ihm 400 000 Österreicher zu. Konnte Freud ahnen, daß er, hätte er seinen Analysanden einen Spaziergang durch den Wienerwald oder einen Gang entlang der Weinberge bei Grinzing verordnet, ihnen keinen so akkuraten Spiegel ihrer Seele hätte vorhalten können wie bei einem Spaziergang um die Ringstraße? Der Wienerwald hätte sie angenehm und leichtfüßig von ihren psychischen Abgründen weggeführt und die Weinberge bei Grinzing nur die weinselige, vage Larmoyanz ihres Wesens zum Vorschein gebracht.

Sie können Freuds Rundgang heute auch mit der Straßenbahn zurücklegen, außerdem sind Sie bestimmt längst ausreichend therapiert. Sie können also getrost beim Schottentor die Linie 1 oder 2 erklimmen, je nachdem, ob Sie die Innenstadt im Uhrzeigersinn oder dagegen umrunden möchten. Wären Sie in London, würden Sie einen dieser wunderbar altmodischen roten Doppeldeckerbusse nehmen. Aber auch die Wiener Straßenbahn ist eine Idylle für sich. Sie ist ebenso altmodisch, fährt viel langsamer, quietscht und ächzt unvergleichlich, öffnet klappernd die Türen und hat wunderbar große Fenster. Da sie so schmal ist, können Sie praktisch aus jeder Position hinausschauen, selbst wenn äußerstes Gedränge im Waggon herrscht. Sie können mit ihr fast überall hingelangen, ohne nur einmal in die U-Bahn-Schächte hinabgehen zu müssen. Straßenbahnfahren ist der Inbegriff der Wiener Gemütlichkeit. Wie oft bin ich, wohlig gewärmt durch die einfallende Spätsommersonne und eingelullt durch das gemächliche Geruckel auf den alten Schienen, eingeschlafen und erst fünf Stationen nach meiner Haltestelle wieder aufgewacht. Oder es passierte mir öfters, daß ich dermaßen in die Beobachtung der verschiedenen Wiener Typen versunken war, daß ich über ihren Gesichtern und den darin zu lesenden Geschichten die Zeit und mein planvolles Ankommen vergessen hatte.

Bevor Sie jetzt aber am Schottentor in die Straßenbahn steigen, werfen Sie noch einen Blick auf die neogotische Votivkirche. Manche Touristen halten sie für den Stephansdom, weil die architektonischen Anstrengungen der historistischen Epigonen manchen als viel gotischer erscheinen als die Bauwerke aus der Originalepoche. Heinrich Ferstel, ein wichtiger Gründerzeitarchitekt, hat sie entworfen, als Dank für ein vereiteltes Attentat auf den Kaiser. Der große Platz vor der Kirche verdient weniger wegen seiner Schönheit, seiner ausgewogenen Proportionen oder seiner lauschigen Verweilplätze Ihre Aufmerksamkeit. Vom Lärm der ihn umgebenden Ausfallstraßen erfüllt, dienen er und seine Wiesenabschnitte in der warmen Jahreszeit vor allem Studenten von der nahen Universität als Ruhefläche. Was an diesem Platz aber besonders erwähnenswert ist, ist die Geschichte um seinen Namen: 1919 nannte ihn die junge Republik Freiheitsplatz. 1934 hieß er dann Dollfußplatz nach dem im gleichen Jahr von den putschenden Nazis ermordeten Bundeskanzler des Ständestaates. 1938 wurde daraus der Göringplatz. Unmittelbar nach dem Krieg nannte man ihn wieder Freiheitsplatz, als wollte man damit den Abzug der Besatzungsmächte beschleunigen. Ein Jahr später, 1946, taufte man ihn plötzlich in Rooseveltplatz um, offensichtlich versprach man sich von den Amerikanern mehr als von den anderen drei die Stadt regierenden Mächten. Oder man wollte die Zugehörigkeit Wiens zur westlichen Welt demonstrieren. Heute, nachdem auch wir Österreicher so etwas wie eine »Vergangenheitsbewältigungsdiskussion« geführt haben, hat der Park vor der Votivkirche seinen einzig wahren, das Unterbewußte seiner bewegten Namensvergangenheit würdigenden Namen erhalten: Sigmund-Freud-Park, und Roosevelt muß sich mit dem Platz hinter der Kirche begnügen. *Quod erat demonstrandum.*

17 Jahre mit Schaufeln und Krampen

Der Vater der Psychoanalyse kam 1860 als Vierjähriger nach Wien. Die Familie stammte aus Mähren und siedelte sich, wie für jüdische Einwanderer damals üblich, in der Leopoldstadt, dem heutigen 2. Wiener Gemeindebezirk, an. Drei Jahre zuvor war durch einen kaiserlichen Erlaß mit dem Abbruch der Stadtmauern begonnen worden. Sie waren so imposant und dick, daß Tausende Arbeiter ihr siebzehn Jahre lang mit Schaufeln und Krampen zu Leibe rücken mußten. Das größte städtebauliche Vorhaben des 19. Jahrhunderts hatte begonnen. Über achtzig eingereichte Ringstraßenprojekte wurden in internationalen Wettbewerben an alle Stars der internationalen Architekturszene vergeben. Herrschte zu Beginn der Phase noch Melancholie über das Ende des alten Wiens, so machte sich zunehmend Optimismus breit. Es muß wie in den neunziger Jahren des 20. Jahrhunderts in Berlin gewesen sein. Eine neue, grandiose Hauptstadt sollte aus dem Boden gestampft und mit den alten Teilen, der Innenstadt und den Vorstädten, verbunden werden. Kaisertum und liberaler Zeitgeist sollten zu einer Symbiose verschmelzen. Der damalige Sir Norman Foster hieß Theophil Hansen. Doch statt den Berliner Reichstag mit einer lichtvollen Dachkonstruktion zu überwölben, ließ man den Dänen in Wien gleich drei in ihrer Konzeption ziemlich unterschiedliche Projekte realisieren: das Parlament, den Musikverein und dazwischen die Akademie der bildenden Künste. Der Hamburger Gottfried Semper hatte zuvor schon in Dresden gezeigt, was er konnte. Gemeinsam mit seinem Wiener Kollegen Carl von Hasenauer wurde er ebenfalls gleich mehrfach beschäftigt. Man übertrug dem Duo das Kunst- und das Naturhistorische Museum, die Neue Hofburg und das Burgtheater. Auch für den Kaiser hatte Gottfried Semper Großartiges geplant. Ein alle imperialen Dimensionen sprengendes Forum sollte die Ringstraße wie ein riesenhafter Diamant das Diadem krönen. Doch der Sempersche Entwurf dürfte weder der schlichten, durch legendäre Bescheidenheit gekennzeichneten Seele des Kaisers noch dem stets ambivalenten, zwischen alt und neu hin- und hergerissenen Wesen der Wiener entsprochen haben. Semper in jedem Fall verließ nach Zerwürfnissen mit seinem Partner vorzeitig die Stadt.

Auch wenn die Bürokratie der k.u.k.-Monarchie an Sackgassen reich und durch ineffiziente Abläufe berühmt gewesen ist, so müßten heutige Städteplaner, etwa der Berliner Planungsstadtrat, schon beim Gedanken an das Projekt Ringstraße blaß vor Neid werden. Nicht daß der Ringstraßenkonzeption keinerlei Streitereien zwischen Investoren, Behörden und Architektencliquen vorausgegangen wären. Doch Industrielle, Bankiers und Spekulanten erkannten die investorenfreundlichen Bedingungen und ergriffen ihre Chance. Wer Parzellen kaufte und binnen vier Jahren bebaute, wurde mit einer dreißigjährigen steuerlichen Immunität belohnt. Solch ein Anreiz hätte wohl 150 Jahre später auch genügend Investoren nach Berlin gelockt. Und so kauften und bauten in Wien die wichtigsten Vertreter der Hochfinanz, darunter die Bankiers Jonas von Königswarter und die Brüder Todesco. Als Juden war ihnen erstmals der

Erwerb von Immobilien gestattet worden. Die Wiener Ringstraße wurde dadurch auch zu einem Ort des selbstbewußten, erfolgreichen jüdischen Großbürgertums. Hotels wie das Bristol, das Imperial und das Sacher trugen dazu bei, eine Atmosphäre von Reichtum, Erfolg und luxuriöser Lebensführung zu bilden.

Die Rechnung der Stadt ging tatsächlich auf. Trotz kostspieligster Investitionen der öffentlichen Hand in die Infrastruktur und die öffentlichen Gebäude konnte man am Ende auf die gemachten Gewinne stolz sein. Der große wirtschaftliche Aufschwung schlug sich auch im Bevölkerungszuwachs nieder. Zwischen 1857 und 1890 verdoppelte sich die Einwohnerzahl Wiens durch Zuwanderung; nach der Eingliederung mehrerer Vororte 1890 stieg sie auf über 1,3 Millionen Menschen an. Die starke Anziehungskraft der Kaisermetropole auf die Menschen des Vielvölkerstaates, vor allem auf Böhmen und Niederösterreicher, aber auch Juden aus Galizien, deutsche und jüdische Ungarn, Polen und Italiener sollte Wien bis 1910 auf eine Bevölkerung von über zwei Millionen Menschen anwachsen lassen. Damit war die Stadt damals fast um ein Viertel größer als heute. Alle diese Zuwanderer gaben der Stadt ein Multikulti-Gepräge, wie man es heute in London oder Paris vorfindet. In Wien hingegen verrät nur noch das Telefonbuch so manches über die Herkunft der Wiener, in den Köpfen der Bürger regiert hingegen vielfach eine dumpfe Abneigung gegen Ausländer, gegen »Tschuschen« (slawische Bewohner Südosteuropas), »Krowoden« (Kroaten, wie unschwer zu erkennen ist), »Piefkes« (wie Sie schon wissen: die Deutschen) und alle anderen Nicht-Wiener. Fremdenfeindlichkeit ist hier nur allzuoft salonfähig. Von einem Wiener Taxiunternehmen weiß man, daß es nicht nur den Wunsch der Kunden nach einem Mercedes, sondern auch nach einem reinblütig arischen Taxifahrer erfüllt.

Die Ringstraße ist eine Vierjahreszeitenstraße

Sie haben die Straßenbahn verlassen, vielleicht schon beim Rathaus oder bei der Hofburg, weil Sie es doch nicht aushalten, dieses an den Sehenswürdigkeiten Vorbeikutschiertwerden, das Vorüberziehenlassen-Müssen von Bildern, diese Stadteroberung im Sitzen. Es ist Frühling oder Herbst, Sommer oder Winter. Die Ringstraße ist eine Vierjahreszeitenstraße. Im Frühling zieht es mich in den Stadtpark zu den Tulpen- und Narzissenbeeten, den altmodischen Stiefmütterchen in Gelb und Lila, vor denen ebenso altmodische Damen in dicken Wintermänteln sitzen, die bereits die Großmütter dieser Damen getragen haben könnten, und den Tauben Brotkrümel streuen und sich langweilen, aber meist allein sind und nicht mit der Dame am Nachbarsessel reden. Wer weiß, man könnt' sich ja irren, und dann hat man sie »am G'nack« (im Nacken) die andere Dame, die womöglich zum Taubenvergiften hergekommen ist. Früher, aber nicht sehr viel früher, also noch vor ein paar Jahren, mußten die Damen »Sesselkarten« kaufen, um im Park sitzend in die Luft schauen zu dürfen. Man sollte auf dem Fahrrad an ihnen vorbeifahren, ihren Anblick mitnehmen und unter den zartgrünen Ästen der Alleebäume hindurchtauchen, eine schon blühende Magnolie im Rathauspark ansteuern und die ersten goldenen Sonnenstrahlen verinnerlichen, damit die Wärme auch noch im Herzen bleibt, wenn's im April noch einmal kurz Winter wird. Im Frühling ist die Ringstraße eine Komposition klarer, kontrastreicher und lichter Farben.

Besser zur Ringstraße paßt jedoch der Herbst. Die Alleen sind voller goldgelber, weinroter und schmutzig-brauner Blätter, keine alten Damen sitzen mehr auf den Parksesseln, nur noch Sandler (Obdachlose), die trunken auf Parkbänken ihren Rausch ausschlafen und Plastiksackerln mit ihrem bißchen an Hab und Gut zwischen den Laubhaufen abgestellt haben. Paßt nicht der Herbst überhaupt viel besser zu Wien? Die letzten Weintrauben hängen an kahlen Reben und gefrieren langsam zu Eiswein, dazwischen laden nasse, modrig riechende Wiesen zum Spazierengehen ein. Wien im Herbst ist ein »Nobelpreis der Wehmut«, wie André Heller bemerkte. Auch weil dann mit hochgezogenen Schultern der Winter in der Stadt Einzug hält. Nasse Straßen und diesiges Laternenlicht im Nebel, eingewinterte barocke Brunnen und Reiterstatuen, gefrierender Atem. Eine Mutter schiebt einen Kinderwagen mit klammen Fingern vor sich her. Im dicken, flauschigen Wollschlafsack das Baby, rosige Kinderbäckchen. Ein kleines, auf zwei Quadratmeter beschränktes Glück unter der jetzt gänzlich kahlen Kastanienallee. Der Winter in Wien kann sehr hart sein. Klirrende Kälte kommt direkt aus dem Osten, aus Sibirien. Dankbar für jede brennende Straßenlaterne, jede warm leuchtende Auslage und jedes Glühweinstandl auf den klirrend kalten Plätzen, gehe ich im Winter durch die Straßen. Selbst der Kitsch des Christkindlmarktes vor dem Rathaus nimmt sich rührend aus, weil das Lametta, die bunten Holzfiguren und die Duftkerzen eine gewisse Wärme verströmen.

Und der Sommer? Mich zieht es dann auf die großen Ringstraßenplätze, wo die Glut steht und der Asphalt langsam aufzuweichen beginnt. Sommer in Wien bedeutet zumindest für zwei bis vier Wochen kontinentales Hochofenklima: heiße Winde, die durch die dünnen Kleider fahren, Mohitotrinken am Kai oder weiter draußen auf der Donauinsel im Gras liegen, das Flair der Copa Cagrana genießen, so heißt hier der Strand mitten im Stadtteil Kagran, ein künstlich geschaffenes Badeparadies für alle, die nicht bis Rio kommen. Für die Ringstraße ist der Sommer ein Stillstand in sattem Grün. Man würde nie glauben, daß die

Sommerbäume im Herbst doch ihre Blätter verlieren werden und daß das dann oft so melancholisch macht. Man möchte gar nicht daran erinnert werden, daß statt des hauchzarten Trägerkleidchens und der glitzernden Sandalen an nackten Füßen wieder Mantel, Wollpullover, Schal und Fellstiefel aus dem Schrank geholt werden müssen.

Die Ringstraße ist eine Vierjahreszeitenstraße. Weil sie der Stadt im Wechsel ihres Alleengewandes die Tonart vorgibt. Ein Mozart-Menuett im Frühling und ein Wienerlied im Spätsommer, eine Bruckner-Symphonie im Herbst und Schuberts Winterreise im November. Darüber hinaus ist die Ringstraße eine verkehrsreiche, von Alleen und Parks eingerahmte Straße mit vielen prunkvollen und nutzvollen Bauten. Eine praktische und prachtvolle Straße, von der es stadtauswärts in ganz unterschiedliche städtische Lebensräume geht.

Vom Alsergrund bis zur Leopoldstadt

Die alten Wiener Vorstädte haben noch immer ihr eigenes Gepräge. Erfolgreich trotzte bisher jeder dieser Bezirke mit seinem ganz eigenen Flair der zunehmenden Uniformierung städtischen Lebens. Doch seit in den neunziger Jahren der Mieterschutz für Gewerbetreibende aufgeweicht wurde, droht auch in Wien die feinnervige Infrastruktur innerhalb der Ringbezirke auszusterben. Anders als in deutschen Innenstädten zahlten die alteingesessenen kleinen Greißler, so heißen hier die Krämerläden, und die traditionellen Handwerksstätten in Wien teilweise verschwindend geringe Mieten. So überlebten sie, gaben Wien ein ganz eigenes Gesicht und sorgten für ein gesundes soziales Gefüge. Da gab und gibt es teilweise trotzdem noch Altwarentandler, gleichsam Guckkästen in die Alltagskultur anderer Jahrhunderte. An den Fingerabdrücken auf der feinen Staubschicht läßt sich ablesen, wann wieder einmal ein Käufer in den dunklen Innenraum geschaut und ein Porzellanfigürchen, ein altes Buch oder einen Zinnsoldaten aus der Auslage weggekauft hat. Da gibt es Posamentierer, Handwerker also, die Borten, Schnüre und Quasten für Möbel herstellen, Änderungsschneidereien und Schuhmacher, und es gibt Läden, die ausschließlich Schrauben, und solche, die wiederum nur Drähte und Kabel feilbieten.

Sie werden überrascht sein, wie vielschichtig, differenziert und von einer jeweils unterschiedlichen Atmosphäre erfüllt sich die Wiener Bezirke immer noch geben. Der Alsergrund zwischen der Universität und dem Allgemeinen Krankenhaus, auch AKH genannt, ist seiner Tradition als Stadt der Medizin und Wissenschaft treu geblieben. Glasbläsereien für Laborgeräte und medizinische Fachbuchhandlungen finden sich hier zuhauf.

Im 6. und 7. Bezirk, zwischen Mariahilferstraße und Neustiftgasse, siedelten sich schon um die Jahrhundertwende Handwerker aller Sparten, rund um die Neubaugasse vor allem Arbeiter aus der Seidenindustrie an. Noch heute ist hier die Dichte der Handwerksbetriebe und Kleingewerbetreibenden höher als in den übrigen Bezirken. Man kann sogar noch Handschuhnäher und Schalstricker, Edelsteinschleifer und Ateliers für Puppenstubenlampen in den vielen Gassen der beiden Viertel finden.

Der 8. Bezirk, die Josefstadt, ist in gewisser Weise der altmodisch-bürgerliche Wohnbezirk geblieben, der er immer war, mit seinem Theater in der Josefstadt und seinen barocken Kirchenkomplexen.

Ganz anders hingegen die Stadtteile rund um die beiden größten barocken Palais, das Schwarzenberg und das Belvedere. Sie haben ihr aristokratisches Gepräge behalten, Botschaften sind in den Adelspalästen untergekommen, und die

Wohlhabenden bewohnen immer noch weitläufige Beletagewohnungen mit eigenem Dienstbotenaufgang, doppelstockhohen Räumen, Stuckdecken und Flügeltüren. Rund um die Landstraße und den Rochusmarkt nimmt die Stadt fast ländliche Züge an, obwohl man am Ende der Landstraße noch lange nicht am Land ist.

Auf der anderen Seite des Donaukanals ist die Leopoldstadt, der ehemals vor allem von jüdischen Einwanderern bewohnte Armeleutebezirk zwischen Kai und Prater.

Wieder einmal sind Sie bei der Oper gelandet, dieses Mal vielleicht mit der U-Bahn. Sie sind ausgestiegen und die Opernpassage, jene recht unwirtliche, heruntergekommene unterirdische Kreuzung entlanggelaufen, wo Drogenkids und Obdachlose sich die nach Urin stinkenden Ecken teilen. Sie sind mit der Rolltreppe ans Licht gefahren und versuchen, sich nun im hektischen Treiben zwischen Passanten und lärmendem Autoverkehr einen Weg zu bahnen. Schwer vorstellbar, daß hier um die Jahrhundertwende der berühmte Ringstraßenkorso stattfand, jenes vergnügliche Treiben, das zur verpflichtenden Beschäftigung der guten und besseren Wiener Gesellschaft gehörte. Jeder, der etwas auf sich hielt oder etwas von sich zu halten glaubte, flanierte um die Mittagszeit am Ringstraßenkorso, so elegant und auffällig gekleidet wie möglich, so sehr seinen gesellschaftlichen und materiellen Stand vor sich her tragend, wie dies nur in der jahrhundertealten Klassengesellschaft der Kaisermonarchie denkbar war. »Die Ritter des Chic, der Monokel-Adel, die Bügelfaltokratie, das Gigerlthum entfaltet alle Reize seiner durchtriebenen Einfalt«, schreibt ein Chronist aus der Zeit. Hier trafen sich Durchlauchte und hohe Staatsbeamte, aber auch zu Geld gekommene Großfleischhauer und Hofoperndirektoren samt ihren Primadonnen. Seit einiger Zeit, so hört man, lebe der Korso wieder auf, aber als Autokorso im Sommer, da wird im Uhrzeigersinn um den Ring herumgefahren, als Cabrioletkorso, als Laufsteg für die Porsche- und Prada-Fraktion, die ihre Gucci-Sonnenbrillen und Helmut-Lang-T-Shirts zur Schau stellen will. Einmal um die Ringstraße! Die Autokorso-Therapie wäre dem alten Freud wohl zu oberflächlich gewesen.

Alles Walzer!

Was für ein Pech! Ausgerechnet ein englischer Künstler, er war nach Wien gekommen, um nur sehr bescheiden von seinem Erbe zu leben, ausgerechnet dieser unmusikalische, dafür aber um so aristokratischere Gentleman hatte es sich in den Kopf gesetzt, mit mir einen Wiener Ball zu eröffnen. Genauer gesagt, den Johannsclubball, den privaten Sommerball der sogenannten besseren Gesellschaft. Ich hatte zugestimmt, weil er seiner Anfrage mit einem extra für mich gemalten Aquarell des Wiener Voralpengebirges Nachdruck verlieh und ich fälschlicherweise dachte, er habe sich hiermit für Wiens größte Tanzdisziplin, den Walzer, qualifiziert. Doch als Herr Schäfer-Elmayer, dessen Tanzschule Elmayer seit Generationen die wichtigsten Wiener Balleröffnungen choreographiert, vor der versammelten Ballgesellschaft »Alles Walzer!« rief, drehte mich der Unglückliche so ruckartig im Kreis, daß ich seinen Armen entglitt und den Damen des Ballkomitees auf die Füße fiel. Die armen Damenfüße, allesamt in spitze, hochhackige Ballschuhe gezwängt, zuckten schmerzerfüllt zurück. Die Damen selbst verzogen ihre dickgepuderten Gesichter zu einem mitleidigen Lächeln und richteten räuspernd ihre rauschenden Seidenkleider.

Alles Walzer! Wer dieser Aufforderung folgt, sollte schwindelfrei sein und sich als Frau vollkommen den kräftigen Armen des Tanzpartners anvertrauen, vorausgesetzt natürlich, jener weiß, was er zu tun hat, insbesondere wenn der Zeremonienmeister »Linkswalzer!« ruft. Nur so macht der Walzer Sinn. Da ist kein Platz für weibliche Emanzipationsversuche, für Experimente, für kantig individuelle Ausdrucksformen. Genausowenig aber kann fehlendes Taktgefühl toleriert werden. Das ist so ungefähr das Schlimmste, was einer Frau passieren kann: wenn der Partner nicht im richtigen Rhythmus bis drei zählen kann. Den Dreivierteltakt nicht zu treffen, ist in Wien eine Taktlosigkeit der schlimmeren Art, vor allem in der Ballsaison. Dann nehmen Sie es noch besser mit einem rundlichen, verschwitzten Walzerliebhaber auf, der zum Zeichen seiner Parkettkompetenz ein weißes Sacktuch aus der Brusttasche seines Smokings zieht, um sich die triefendnasse Stirn abzutupfen. Auch einer, der Sie zu einem nicht näher definierbaren Slow zwischen die Walzerpaare entführt und dann mit Ihnen mehr oder weniger lässig flirtend im Takt herumsteht, ist besser als jemand, der aus dem Takt tanzt.

Daß ich die Tücken und möglichen Höhenflüge des Wiener Walzers bloß aus der Perspektive der Frauen beschreibe, hat seinen Grund. Für gewöhnlich führt nämlich der Mann die Frau, es ist höchstens dann umgekehrt, wenn die Frau die Vorzüge ihrer Rolle nicht verstanden hat. Das bedeutet aber auch, daß es beim Walzer mehr auf ihn und sein Können denn auf sie ankommt. Ein Walzer mit einer schlechten Tanzpartnerin kann durch ihn gerettet werden, eine wunderbare Walzertänzerin hingegen ist mit einem Stümper restlos verloren. Also, sehen Sie sich vor! Und vergessen Sie nicht: Walzertanzen ist im Grunde ganz leicht. Man braucht sich bloß so rund und beständig in spiralförmigen Kreisen fortzubewegen, bis nach und nach Kronleuchter, Gemälde und Wandspiegel ineinanderfließen, sich alles in einem bunten Farben- und Lichtermeer auflöst und man zu schweben beginnt. Deshalb muß eine Frau sich dem Partner förmlich ausliefern: um sich dem Taumel des Walzers hinzugeben, nicht notwendigerweise auch dem Tänzer.

Alles Walzer! So heißt es in Wien, seit Fürst Charles de Ligne, der *maître de plaisir* des Wiener Kongresses, befriedigt von seiner Leistung als Zeremonienmeister dieser im Grunde politischen Zusammenkunft, ausgerufen haben soll: »Der Kongreß tanzt!« Fast ein ganzes Jahr, vom September 1814 bis zum Juni 1815, gaben sich die Monarchen und Fürsten Europas dem neuen Tanz und dem damit einhergehenden, derart ungewohnt beschwingten Lebensgefühl hin, daß sie, so konnte man meinen, auf die Politik fast verzichtet hätten. In Wirklichkeit leitete der Wiener Kongreß trotz seiner Restaurationsbestrebungen und der Unterdrückung liberaler und nationaler Strömungen eine Friedensperiode von einem halben Jahrhundert für Mitteleuropa ein. Trotz oder vielmehr wegen der Untermalung durch die süßen Melodien im Dreivierteltakt. Ob der Walzer Revolutionen nun verhindert oder aber ungeahnte Energien freizusetzen vermag, ist seither eine vieldiskutierte Frage. Damalige Beobachter entdeckten wie bei allen guten Phänomenen beides: daß nämlich, solange die Wiener zu den Klängen der Straußschen Geige tanzen, keine ernsthafte Bedrohung für die politische und gesellschaftliche Ordnung zu befürchten sei. Und gleichzeitig, daß der Walzer Kräfte entfacht, die, einmal freigesetzt, durchaus eine zerstörerische Wirkung haben könnten. Der junge Heinrich Laube, später Burgtheaterdirektor, sagte bei einem Wienbesuch im Jahr 1833 über Johann Strauß: »Ich weiß nicht, was er außer Noten versteht, aber ich weiß, daß dieser Mann sehr viel Unheil anrichten könnte, wenn er Rousseausche Ideen geigte. Die Wiener machten in einem Abende den ganzen *contrat social* mit ihm durch.«

Wirkt der Walzer nun besänftigend, oder bringt er das Blut zum Wallen? Da wir damals beim Johannsclubball nichts mehr mit jugendlichem Eifer durchfechten, keine Tabus sprengen und keine revolutionäre Idee mehr durchsetzen wollten, war die einzige Wirkung des Walzers die, daß das Personal am anderen Morgen angeblich mit dem Wegräumen von Büstenhaltern beschäftigt war, die in den Büschen hingen. Und das hatte zur Folge, daß der besagte Ball vorübergehend Hausverbot im Palais Schwarzenberg bekam. Die katholische Kirche wußte schon, warum sie gegen den Walzer war. Zuviel Tuchfühlung zwischen den Geschlechtern. Da die Ballsaison jedoch normalerweise in den Winter fällt, brauchen Sie nichts zu befürchten. Sie können getrost auf einen der Wiener Bälle gehen und werden höchstens eine Lungenentzündung davontragen wie jener Wiener Prinz, der Ehrenkavalier von Lady Di's Stiefmutter Lady Spencer, dem die kühle Balkonluft nach dem Tanzen nicht wohl bekam. Das war beim Opernball, wo es bekanntlich noch heißer ist als auf allen anderen Wiener Bällen. Seien Sie froh, wenn Sie eine Frau sind. Ein tief dekolletiertes, hauchzartes Paillettenkleid dürfte der aktuellsten Ballmode entsprechen. Als Mann hingegen werden Sie unweigerlich im Frack oder Smoking schwitzen. Auch das Mascherl (die Fliege) dürfen Sie erst zu später Stunde lockern, am Balkon vielleicht der Dame Ihrer Wahl die Smokingjacke überhängen. Die Möglichkeiten der Erleichterung sind beschränkt. Eleganter als der Opernball, dafür im Ausland weniger berühmt, sind der Techniker Cercle und der Ball der Wiener Philharmoniker. Wenn Sie eine Karte für das Elmayer-Kränzchen ergattern, sind Sie bereits ein Connaisseur, wenn

Sie auch den Jägerball nicht auslassen, dann werden Sie eine wahre Zeitreise antreten und lauter Menschen aus anderen Epochen und Sphären antreffen.

Ich bin nach jenem wenig rühmlichen Auftakt mit dem Engländer nicht mehr so oft auf Bälle gegangen, höchstens, um einem damals wie heute verbreiteten Sport zu frönen, den Ball ohne Ballkarte zu stürmen. Oder um auf der traditionellen Opernballdemonstration gegen das Establishment, Waldheim oder was eben sonst gerade die Gemüter erhitzte mitzumarschieren. Einer Freundin von mir gelang es einmal, mit zwei männlichen Begleitern, aber ohne Karte, bis auf das Tanzparkett des Opernballs zu kommen. Den Billeteuren am Eingang sagte sie, daß ihr Vater der berühmte Politiker Soundso sei und er die Karten wohl mit nach oben in seine Loge genommen habe. Daraufhin ging der noch zweifelnde Mann mit den dreien hinauf in den Saal, um sie beim Herrn Papa abzugeben. Meine Freundin umarmte in ihrer äußersten Not den genannten Politiker, der zufällig den gleichen Nachnamen wie sie hatte und sie flüchtig kannte, und flüsterte ihm dabei ins Ohr, daß er bitte kein Spielverderber sein solle. Der Coup gelang, und sie tanzte mit ihren Begleitern bis in die frühen Morgenstunden – auf dem Opernball!

Daß der Walzer einen so großen Stellenwert in dieser Gebrauchsanweisung einnimmt, hat seinen Grund. Im Walzer, und da kann ihn die Imagewerbung der Stadt noch so sehr zu Tode reiten, erklingt der Grundton der Wiener Seele. Dazu muß man ihn nicht einmal tanzen, es reicht, daß er beim Neujahrskonzert gespielt wird. Er ist, so hat es André Heller, als er noch Lieder schrieb, auf eine Formel gebracht, »eine als Fasching verkleidete Melancholie«. Und ist nicht ganz Wien diese seltsame Mischung? Eine als Fasching verkleidete Melancholie? Fast ein Jahrhundert bestimmte das Imperium Strauß den Wiener Musikgeschmack. Allein

Johann Strauß, der Sohn des legendären Begründers der Dynastie der Walzerkomponisten, regierte fünfzig Jahre lang das Imperium, das die Orchester der meisten großen Ballsäle umfaßte. 1867 schrieb er den »Donauwalzer«, der vom damals überragend einflußreichen Kritiker und bis heute berühmten Eduard Hanslick, zur »zweiten österreichischen Nationalhymne« gekürt werden sollte.

Ein Walzer, dem Dancefloor entstiegen

Die Wiener hatten schon immer einen Hang zur Unterhaltungsmusik. Doch erst in jüngster Zeit scheint sich neben Austro-Pop und alter Liedermacherei Neues abseits der Operetten- und Schrammeldiktatur zu regen. Neue Töne, Rhythmen und Formen scheinen sich zum leicht wehleidigen, kokett menschelnden Kumpelton eines Georg Danzer, Rainhard Fendrich oder des immerhin bis in die internationalen Charts vorgedrungenen Falco zu gesellen. Natürlich konnte man Wolfgang Ambros' »Es lebe der Zentralfriedhof« etwas abgewinnen, hörte seinen Hang zu Helmut Qualtinger und Konrad Bayer aus den Texten heraus. Und mit Hubert von Goiserns Alpinkatzen kam endlich ein frischer Wind in die Volksmusik. Doch wirklich spannend ist die Wiener Musikszene erst jetzt. Die Musiker der Stadt bedienen sich ungezwungener und hedonistischer der vielfältigen Musiktradition, sie beschränken sich nicht mehr nur auf das Wienerlied, den Wiener Dialekt, den Wiener Schmäh und die »a-Gulasch-und-a-Seidl-Bier-Tradition«, sondern zitieren Mozart und Strauß, dichten Raps, schwingen in Soul- und Bluesrhythmen und bleiben dabei ganz unverwechselbar wienerisch. Wenn Sie Wolfgang Staribacher und seiner Mozartband lauschen, werden Sie mir recht geben. Das ist auch keine herkömmliche Crossover-Musik, die der Komponist, Instrumentalist und Arrangeur aus Mozarts Kosmos herauszaubert, vielmehr etwas Neuartiges, das Klassik, Volksmusik, Pop und Jazz als einander durchdringende Musikstile mit improvisatorischer Leichtigkeit verknüpft, ebenso nah an Mozart wie am Jazz. »Mozart war ja ein begnadeter Improvisator. Das ›Fantasieren‹ nannte er seine Lieblingsbeschäftigung«, sagt der Bandleader. Mit seinen zehn Musikern – alles Grenzgänger zwischen den Stilen – hat er auch schon eine Mozartoper einstudiert und bei den Wiener Festwochen zu einem fulminanten Erfolg gebracht.

Ähnlich verhält es sich mit dem weltberühmten Ensemble Vienna Art Orchester und dessen CD »All that Strauß«. Die hier versammelten Walzer und Polkas sind so rasant zu neuer Lebendigkeit erweckt, dass man meint, der Walzer sei soeben dem Dancefloor entstiegen. Die Jazz-Bigband gilt als eines der Flagschiffe des europäischen Jazz, in den fast 30 Jahren ihres Bestehens haben die Musiker vom Vienna Art Orchester 800 Konzerte in 45 Ländern gegeben und mit ihrem postmodernen Stil zwischen Wiener Schmäh und Avantgarde der neuen musikalischen Gründerzeit Wiens den Ton vorgegeben. Nicht anders war's zur Zeit von Johann Strauß.

Manchmal habe Strauß für den Abend einen neuen Walzer versprochen, obwohl am Morgen noch nicht einmal eine Note geschrieben war. »In solchen Fällen versammelte sich das Orchester dann im Haus des Komponisten. Jeder Teil des Musikstückes wurde sofort arrangiert und kopiert. Innerhalb weniger Stunden war das Stück fertig.« Das klingt ganz zeitgemäß. Nicht anders arbeiten Mathias Rüegg vom Vienna Art Orchester oder Wolfgang Staribacher und seine Mozartband. Auch daß Strauß seine Ideen auf alles, was ihm unterkam, notierte, läßt den Vater der Unterhaltungsmusik modern wirken: Er schrieb auf Speisekarten, auf die Manschetten seines Hemdes, auf Bettlaken – alles mußte herhalten. Strauß war voll sprühender Kreativität, professionell und erfolgreich. Die damalige Szene war schnellebig, vergnügungssüchtig und adabeigesteuert (societygeil). Wie heute eben. Strauß sei mit seiner Violine von Spielort zu Spielort gehetzt, um jeweils einige Stücke selbst dirigieren zu können. Auf den Plakaten konnte dann nämlich »Heute spielt Strauß« stehen. Heute würde da stehen: »Heute legen Kruder & Dorfmeister auf«. Die zu Säulenheiligen der hiesigen Szene mutierten Super-DJs sind längst auch in London und New York zu Hause, und spätestens seit sie Madonna wochenlang warten ließen, bis sie endlich Zeit fanden, aus deren Mainstream-Popsong »Nothing really matters« eine neue Dancefloor-Version im Sinne des Wiener Wildstyle zu mixen, ist Wien zum Mekka der Clubs, Partys und Raves avanciert. Sehr lässig, musikalisch und selbstverständlich. Wiener Wildstyle ist eine Melange aller Stile, ein Remix der Popgeschichte – und man kann ungeheuer gut dazu tanzen. Im Flex zum Beispiel, wo man sich durch die ohrenbetäubenden baßgesättigten Nebelschwaden ins Ohr brüllt: »Um zwei legen Kruder & Dorfmeister auf. Sie kommen geradewegs aus New York, wo sie auch aufgelegt haben.« – »Nein, die werden nicht müde sein, die haben Jetlag.«

Am Brucknerbankerl

Während Vater und Sohn Strauß als Lieblinge des Volkes vom Staat mit großen Villen bedacht wurden, blieb für Beethoven, Schubert, Brahms und Mahler ein zu Lebzeiten vergleichsweise eher bescheidener Ruhm übrig. Sie waren die Musiker einer Elite. Dabei blieb die Stadt auch nach ihrer glanzvollsten Musikepoche, der Zeit Haydns, Mozarts, Beethovens und Schuberts, noch eines der wichtigsten musikalischen Zentren der damaligen Welt. Während Beethoven seinen Lebensabend in Wien resigniert zubringt – »Es geht in dieser Stadt lumpig und schmutzig zu«, soll er geseufzt haben –, schwingt sich Johannes Brahms als Direktor der Gesellschaft der Musikfreunde und Komponist auf den ersten Platz im Musikleben der Stadt. Königsmacher ist auch dieses Mal Kritikerpapst Eduard Hanslick, auf dem gesellschaftlichen Parkett eine ebenso wendige Figur wie im Bereich der Musik ein scharf urteilender Kenner. Hanslick zum Feind zu haben war wohl um nichts angenehmer als heutzutage von Marcel Reich-Ranicki verrissen zu werden, wenn man zur schreibenden Zunft gehört. Richard Wagner zum Beispiel wurde nach der Aufführung seiner »Meistersinger« von Hanslick derart gemetzelt, daß er Wien fluchtartig verließ, nach München ging und anschließend nach Bayreuth. »Nur ein Kannibale, der sich seinen Mund an einem Stück Menschenfleisch verbrannt hat, kann eine solche Musik schreiben«, wetterte der Kritiker auf eine Art und Weise, die heute zweifellos die Grenzen akzeptablen Stils weit übersteigen würde. Jahre später protegierte Hanslick Gustav Mahler, trotz dessen glühender Begeisterung für Wagner. Der Schüler von Anton Bruckner, auch er ein ewig von Hanslick Geschmähter, wurde im Jahre 1897 als nur Siebenunddreißigjähriger zum Direktor der Hofoper ernannt. Er, der als Jude zur Welt kam, mußte sich allerdings vorher taufen lassen.

Anton Bruckner war kurz zuvor gestorben. Der Kaiser persönlich hatte dem über Siebzigjährigen schwerkranken Komponisten im Oberen Belvedere, im linken Flügel des Kustodenstöckls, eine letzte Bleibe zur Verfügung gestellt. Ehrenhalber, also ohne Mietzins zahlen zu müssen, und freundlich umsorgt, sogar mit stets frischem Blumenschmuck aus der Hofgärtnerei. Es war, als wollte man Bruckner, den ohnedies lebenslänglich von Selbstzweifeln Geplagten, zu guter Letzt für das entschädigen, was man ihm in seinen besten Jahren vorenthalten hatte. Mit seinem hochgeschlossenen Überrock, dem schwarzen Hut und dem Spazierstock wird die rührend-hinfällige Gestalt des Alten zu einem vertrauten Anblick der Spaziergänger im Park des Schlosses. Frau Kachelmayer kocht ihm seine Leibgerichte, die Ärzte kommen unaufgefordert, um nach dem Rechten zu sehen, und der Kaplan des Belvedere weiß Bescheid und hält die Sterbesakramente bereit. Indes arbeitet der Komponist an seiner Neunten Symphonie, die er nicht mehr beenden wird, selbst sein Beten und Flehen, »Lieber Gott, laß mich bald gesund werden. Schau, ich brauch ja meine Gesundheit, damit ich die Neunte fertig machen kann«, hilft nur vorübergehend. Einmal verbieten ihm die Ärzte wegen starken Regens und einer für Juli untypischen Kälte den Spaziergang im geliebten Park. Der Künstler ist tief getroffen, glaubt er doch, man wolle ihm seine Freiheit nehmen, und diktiert seinem Arzt deshalb folgende Zeilen: »Nachdem Herr Professor Anton Bruckner sich bis in sein hohes Alter um die Kunst hochverdient gemacht hat, soll er immer seine volle Freiheit haben und überhaupt sein ganzes Leben voll und voll genießen.« Während des Sommers 1896 kann Bruckner seinen täglichen Spaziergang, sein Bruckner-Bankerl, die Kieswege, Springbrunnen, Statuen und französisch geschnittenen Hecken des Belvedere noch genießen, dann, am 11. Oktober, stirbt der Künstler. Sie können immer noch Spuren von diesem in sich gekehrten und in der Selbstvermarktung gänzlich unbegabten Mann im Belvederegarten entdecken. Ob Ihnen seine Musik ins Gedächtnis kommt, ein anderer alter Mann am Wegesrand die Erinnerung an diesen zerbrechlichen Bewohner des Barockschlosses Prinz Eugens wachruft? Manchmal findet man Blumen, Kränze oder Musiknoten neben der Gedenktafel an der Fassade seiner Sterbewohnung.

Die Ära von Brahms, Bruckner und Mahler hat nicht nur

großartige musikalische Werke hervorgebracht. Die Stadt und ihre Musiker lieferten sich öffentliche und inbrünstige Fehden, trugen Rivalitäten und Intrigen vor Publikum aus und machten aus dem Wiener Musikleben ein wahres Spektakel. Ob nun die Animosität gegen Wagner, die Rivalität zwischen Brahms und Bruckner oder die vielfältigen Attakken gegen Gustav Mahler sowie Eifersüchteleien, lancierte Presseberichte, gesellschaftliche Ächtungsaktionen – das Musikleben glich einem Schlachtfeld der Emotionen. Bruckner ist dem Wiener Intrigenstadl, wie bereits erwähnt, sein Leben lang nicht gewachsen gewesen. Mahler demissioniert 1907 als Chef der Hofoper und geht an die Metropolitan Opera nach New York. Arnold Schönberg, der von Mahler protegierte Gründer der neuen Schule der Wiener Musik, handelt sich bei einem Konzert am 31. März 1913 im großen Musikvereinssaal eine Ohrfeige von Oscar Strauß ein, weil Schönberg dem Kollegen bei einer anderen Gelegenheit gesagt haben soll, er rede nicht mit Operettenkomponisten.

Eine der traurigsten Anekdoten, die zeigt, wie heiß das Barometer der Leidenschaften damals lief, handelt vom Liederkomponisten Hugo Wolf. Der lyrisch ebenso begabte wie musikalisch sensible und menschlich schwierige Künstler pflegte eine auch durch seinen Antisemitismus immer wieder aufflammende Feindschaft mit Gustav Mahler, er schrieb als Musikkritiker gegen Eduard Hanslick an und komponierte Lieder, die wohl zum Besten dieses Genres gehören. Als der früh an Syphilis Erkrankte infolge seiner fortschreitenden Gehirnparalyse die Zurechnungsfähigkeit verlor, wollten ihn seine Freunde in eine geschlossene Anstalt einweisen lassen. Sie wußten, daß Wolf nie aus eigenen Stücken zu diesem Schritt bereit gewesen wäre. Deshalb erklärten sie dem vom Wahn Besessenen, er werde zu einem Termin in der Direktion der Hofoper erwartet. Man hätte ihn dazu auserwählt, Gustav Mahler abzulösen. Auf diese Weise klappte die Einlieferung. Hugo Wolf fand sich am 20. September 1897 – im Frack, denn so groß war sein Stolz über die bevorstehende Investitur – in der »Privatheilanstalt für Gemüthskranke des Doktor Wilhelm Svetlin« in der Leonhardgasse wieder.

Arnold Schönberg, unverstanden wie so viele unter den Neuerern der Künste, hatte wegen der Anfeindungen gegen ihn und seine Musik beschlossen, nach Berlin auszuwandern, und deshalb 1912 einen Posten als Professor an der Musikakademie ausgeschlagen. »Ich kann augenblicklich noch nicht in Wien leben. Ich habe noch nicht verschmerzt, was man mir dort angetan hat, ich bin noch nicht ausgesöhnt. Und ich weiß, ich halte es nicht zwei Jahre aus. Ich weiß, ich hätte in kürzester Zeit dieselben Kämpfe vor mir, denen ich entgehen wollte.« Variationen eines endlosen Themas. Richard Strauss schrieb am 20. Mai 1911 an Hugo von Hofmannsthal: »Mahlers Tod hat mich sehr ergriffen; nun wird er wohl auch in Wien der große Mann werden.« Wer unter den Künstlern hat seither nicht ans Auswandern gedacht, sich nicht von Wien und den Wienern mißverstanden, ignoriert, ja mißhandelt gefühlt, und wie viele sind überhaupt erst durch den Umweg über das Ausland oder ihren eigenen Tod auch in Wien zu wohlverdientem Ruhm gelangt!

Der perfekte Augenblick

Egal, wie heftig sie miteinander stritten: All diese Menschen lebten in Wien, sie liefen durch die Straßen, schliefen schlecht, träumten von der eigenen Absetzung oder einem Handstreich gegen ihre Feinde. Sie liebten und haßten die Stadt, gingen um die Ecke einkaufen und arbeiteten an

Werken, die in die Musik- und Kulturgeschichte Eingang gefunden haben. Auch deshalb kann man in Wien wie vielleicht in keiner anderen Stadt der Welt musikalische Augenblicke von höchster Vollendung erleben. Etwa als Daniel Barenboim im Wiener Konzerthaus Mozarts Klavierkonzert in A-Dur spielte und vom Flügel aus dirigierte. Der Pianist hatte als Zehnjähriger mit ebendiesem ironischen, lebensleichten Werk des Wunderknaben ebenfalls im Wiener Konzerthaus sein internationales Solistendebüt gegeben. Nun, fünfzig Jahre später, wollte sich der mittlerweile weltberühmte Musiker offenbar »dort mit Mozart unterhalten«, wo seine glänzende Karriere ihren Anfang genommen hatte. Ja, »mit Mozart unterhalten«, genau so klang es, als sich Barenboim an den Flügel setzte, die ihn umgebenden Philharmoniker mit einem winzigen Lächeln auf ihren Einsatz vorbereitete und alsbald selbst zu spielen begann. Jede Note, jeder perlende Lauf, jeder Akkord, dazwischen die kleinen Handbewegungen des Dirigenten und der ständige Augenkontakt mit den das Klavier umgebenden Musikern waren ein einziges vertrauensvolles Sichaustauschen über das Wesen der Musik und das Glück, Musik entstehen lassen zu dürfen. Da war nicht ein bißchen Anstrengung, keine einzige Allüre, kein Funken Gefallenwollen. Es war, als hätte der Musiker das Konzerthauspublikum – mehr zufällig als beabsichtigt – an einer ganz und gar intimen Nachmittagsaudienz mit Mozart teilhaben lassen, einer Audienz freilich, die so selbstverständlich und alltäglich wie in ihrem gegenseitigen Einvernehmen vollendet war. Franz Eckert, renommierter Wiener Anwalt und Initiator des weltberühmten Alban-Berg-Quartetts, selbst Hobbycellist und einer derjenigen, die schon alle Orchester der Welt und Solisten von Rang gehört haben, drehte sich nach dem Applaus zu seinem Sitznachbarn um, auch er ein ständiger Besucher von Konzerthaus und Musikverein, und sagte: »Ich bin immer auf der Suche nach den wenigen perfekten Augenblicken. Das war einer.«

Was also ist das Verhältnis der Wiener zur Musik? In der Regel sind zu den Konzerten der Wiener Philharmoniker kaum freie Karten zu haben, und die Mehrheit der Plätze sind dem bildungsbürgerlichen Abonnement-Publikum vorbehalten – das ist eine auf die Wiener Philharmoniker und ihren Klang eingeschworene, fanatisch konservative Glaubensgemeinschaft, die auf die Unveränderbarkeit musikalischer Traditionen schwört. Hätte es die Geschichten über jene Musikfans nicht gegeben, die auch ohne Karte im Musikverein gerngesehene Gäste waren, ich hätte die heiligen Hallen womöglich nie betreten. Aber schon mein Vater, ein Freund von ihm und meine eigene Schwester – sie alle kannten die Schleichwege durch den Künstlereingang, die richtigen Billeteure, den Platzanweiser oben auf der Galerie und wußten, wieviel Bakschisch man für eine Matinee mit Claudio Abbado bereit halten mußte. Ein Onkel schloß sogar zwei sogenannte »längerfristige »Kontrakte«, den einen mit dem Billeteur am Eingang, den anderen mit jenem auf der Galerie. Für ein kleines monatliches Salär, sagte der unten: »Gehn's nur aufe, inare Koatn hob i schon g'sehn«, und der oben hielt einen Extrasessel auf der Herrentoilette für den Musikfreund bereit. Jahrzehnte später machte sich das illegale Abonnementgeschäft auch umgekehrt bezahlt. Der Musikfreund, mittlerweile erfolgreich und wohlhabend, wurde zum spendablen und steten Förderer des Wiener Musiklebens.

Doch selbst wer in Wien nicht in Konzerte geht, kommt nicht um die Musik herum. In Wien gibt es kein Leben ohne Musik. Irgendwie ist sie in die Straßen, Fassaden und Stiegenaufgänge eingraviert, die Vögel pfeifen sie vom Dach, ja, sogar die Straßenbahn quietscht mit einer gewissen Musikalität.

Auch ich bin in Wien nicht regelmäßig ins Konzert oder

in die Oper gegangen, hatte für Musik oft keine Zeit, obwohl sie mich selbstverständlich immer umgab. Daß diese Anwesenheit die eigentliche Beziehung des Wieners zur Musik ausmacht, wurde mir bewußt, als ich für ein Jahr in einer anderen europäischen Großstadt lebte. Eines Tages entdeckte ich die Sammlung klassischer Musik bei einer Freundin und wollte plötzlich nichts anderes mehr tun, als alle Beethoven-, Mozart-, Schubert- und Brahmssymphonien hören. So groß war die Sehnsucht nach Musik und das Heimweh nach der Musikstadt Wien. Vielleicht werden Sie es selbst merken, wenn Sie wieder zu Hause sind und an Ihre Reise zurückdenken. Vielleicht haben sie eine alte Saxophonspielerin am Graben gesehen, ich bin nicht sicher, ob sie noch lebt. Früher einmal arbeitete sie als Clown in einem Zirkus, doch aus nicht näher bekannten Gründen hat sie ihn vor geraumer Zeit verlassen. Vorstellbar wäre auch, daß sie bei einem Gastspiel hier hängengeblieben ist, am Wiener Graben, zwischen Stephansdom und Kohlmarkt, vor den barocken Fassaden mit ihren schmucken Auslagen. Die kleine verhutzelte Gestalt in Sandlerklamotten ist kein Fremdkörper im luxuriösen Zentrum Wiens. Auch sie ist ein Teil der Seele dieser Stadt. Wenn ich an Wien und Musik denke, höre ich ihren Saxophonsound in meinem Kopf. Sie kann Töne spielen, die den Wind der ungarischen Tiefebene enthalten, Melodien, gegen die jedes Wienerlied fröhlich beschwingt klingt, Sentenzen, in denen soviel Einsamkeit liegt wie in tausend Emigrantenleben und gerade soviel Hoffnung wie für den einzelnen zum Überleben notwendig. Wenn ihre angerissenen Rhythmen an etwas erinnern, dann noch am ehesten an einen abgründigen Blues, der aber gleichzeitig den Walzer, eine Mahlersymphonie und ein Mozartklavierkonzert in sich trägt. Daß sie eine Straßenmusikantin ist und ihren Unterhalt mit ihrem eigenwilligen Spiel verdient, scheint ihr kaum bewußt zu sein.

Nur wenn sie die Münzen aus dem Instrumentenkasten leert, mag sie sich daran erinnern. Doch nicht einmal dann ändert sie ihren Gesichtsausdruck. Dem sie umgebenden profanen Leben entrückt, zwischen buddhistischem Gleichmut und mitteleuropäischer Schicksalsergebenheit pendelnd, zieht sie die Blicke der Passanten auf sich. Ein kleiner Star, abgebildet in Büchern und Filmen. Auch das läßt sie unbeeindruckt. Wenn sie ihrem Spiel lange genug zugehört hat, packt sie ihr Saxophon ein, streicht sich ihre struppigen Haare aus der Stirn, zupft die schäbige Wollkleidung zurecht und schlurft heim. Man sagt, sie wohne auf einem Dachboden in der Innenstadt. Das klingt plausibel. Wie ein Vögelchen, das jeden Morgen singen muß.

Eine Bühne des Lebens

Schon in der Boltzmanngasse kündigt sie sich an. »Zur Strudlhofstiege« sagt das dezente Hinweisschild für Sehenswürdigkeiten. Sie sind im 9. Bezirk, im Alsergrund, und im Begriff, sich zu verlieren. Nein, es besteht keine Gefahr, daß Sie sich im Gewirr der Straßen nicht mehr zurechtfinden, Sie haben ja eine Straßenkarte, und im 9. Bezirk sind die Straßen nicht labyrinthisch verwinkelt, barock, innerstädtisch. Doch Sie werden sich verlieren, ich hoffe es für Sie, ich wünsche es Ihnen geradezu. Sehen Sie, dort vorne am Ende der Kastanienallee, wo man meint, die Straße würde abbrechen, flankiert von den schönsten Gründerzeitstadthäusern und dem prächtigen ehemaligen Palais des Grafen Leopold Berchtold, dort vorne ist sie. Der Graf, damals k.u.k.-Außenminister, versammelte am 19. Juli 1914 die Minister beider Reichshälften zu einer geheimen Kabinettssitzung in seinem Domizil, um Serbien nach dem Attentat auf den Thronfolger Franz Ferdinand ein Ultimatum zu stellen. Vier Wochen später begann der Erste Weltkrieg.

Am Ende dieser Allee also wartet die Strudlhofstiege. Heimito von Doderer hat sie in den fünfziger Jahren zum Mittelpunkt seines gleichnamigen Romans, ja, zu einem Kristallisationspunkt Wiens, seiner Menschen und seiner Stimmungen erklärt. »Hier schien ihm eine der Bühnen des Lebens aufgeschlagen, auf welchen er eine Rolle nach seinem Geschmack zu spielen sich sehnte, und während er die Treppen und Rampen hinabsah, erlebte er schnell und zuinnerst schon einen Auftritt, der sich hier vollziehen könnte«, läßt Doderer seinen Romanhelden Herrn von Stangeler sagen. Noch immer scheint es, als wäre die 1910 von Theodor Jaeger entworfene Stiege der Beschreibung ihres Dichters verpflichtet, als hätten sich seine Worte in die Treppen und Kurven, Steinbänke und schmiedeeisernen Gitter eingeprägt, wie die Patina der Großstadt in die Fassaden ihrer Häuser. Lauschen Sie den fernen Geräuschen der Stadt. Irgendwo fährt eine Straßenbahn vorüber, hier oben hören Sie den Sommerwind in den Kastanien. Eine Amsel hüpft von Stufe zu Stufe und läßt sich schließlich in den violettblau blühenden Glyzinien nieder, die die Stiege überwölben. Am unteren Ende, vor der Doderergedenktafel, genießt ein Sandler sein Wohnrecht. Er beschimpft alle, die an ihm vorbeigehen. Wohl weil sie das Wesen der Stiege nicht begriffen haben, sie bloß benützen, um von A nach B, von unten nach oben, von der Liechtensteinstraße zur Boltzmanngasse zu gelangen, während er sich auf die Seite des Dichters stellt und beobachtet.

Oben betritt nun eine Dame im mittleren Alter mit Riesenterrier die Bühne. Sie trägt einen seidigglänzenden, perlmutterfarbenen Hosenanzug und einen großen, farblich darauf abgestimmten Hut. An der Leine ihres Hundes schwebt sie fast ohne Bodenhaftung die Stiege herunter. Ist sie überhaupt ein Wesen aus Fleisch und Blut, jemand der im Hier und Jetzt zu leben pflegt? Alles an ihr würde vermuten lassen, daß sie Doderers Roman entschlüpft ist. Von unten kommen zwei Touristen in Turnschuhen und mit einer Straßenkarte in der Hand die Stiege herauf. Sie beachten sie kaum, und deshalb entzaubern sie sie nicht. Eine Welt in Stufen. Nun erscheint wieder eine Dame, großbürgerlich, konservativ, in karminroter Bluse, schwarzem Rock und flachen Ballerinaschuhen, wie aus einem Film der dreißiger Jahre. Sie wohnt wohl nicht weit weg von hier, in einer mäßig renovierten Altbauwohnung mit Flügeltüren und Stuckdecken. Jemand, ein Beamter wahrscheinlich, folgt ihr auf dem Weg nach Hause, eine gehäkelte Einkaufstasche baumelt um seine grauen Hosenbeine. Dann hört man von oben jemand anderen *I grew up in Pennsylvania* sagen. Eine Gruppe von Professoren. Sie kommen von einer internationalen Konferenz über Gentechnik oder so etwas Ähnliches und vertreten sich etwas die Füße, bevor der Tag zu Ende geht.

Niemand schenkt der Stiege seine Aufmerksamkeit. Darum ist sie lebendig. Sie ist kein Denkmal, keine steinerne Erinnerung an irgendein wichtiges historisches Datum oder eine prominente Persönlichkeit. Sie ist eine ganz normale Steintreppe und gleichzeitig ein literarischer Ort. Und den genießen Sie am besten, wenn Sie – ohne Fremdenführer zur Hand – sich auf eine der Steinbänke setzen und einfach schauen und planlos zuhören.

Von ihrem Beobachtungsplatz aus können Sie ein breites Spektrum an Menschen aus den unterschiedlichsten sozialen Schichten beobachten; Sie können beinah erkennen, wohin sie eilen, welchen Pflichten sie gerade nachgehen, und mit einiger Phantasie können Sie sich sogar deren Leben ausmalen. Aber sind diese Menschen nun anders als die Bewohner Londons, Paris' oder Berlins? Und wenn dem so ist, was macht die Wiener zu Wienern? Ihre latente Fremdenfeindlichkeit, die darauf zurückzuführen ist, daß sie selbst Teil einer höchst gemischten Kultur- und Lebensgemeinschaft sind? Das klingt paradox, ist aber durchaus logisch. Der Wiener, so wurde einmal formuliert, sei aus der Heirat des böhmischen Großvaters mit der jüdischen Großmutter aus Lemberg hervorgegangen. Der Vater zog um die Jahrhundertwende mit seiner Frau, einer ungarischen Köchin, nach Wien, weil ihm sein Cousin, ein kroatischer Kesselflicker, erzählte, daß es in der Ziegelfabrik Arbeit für ihn gebe. Wer will schon daran erinnert werden, daß die Vorfahren einst als arme Zuwanderer kamen, aus Ländern, die im vergangenen Jahrhundert dann auch noch selber arm und kommunistisch unattraktiv waren? Und seit dem Fall des Eisernen Vorhangs? Seither fürchtet der Wiener die Osterweiterung der EU, weil er denkt, daß sie dann wieder alle kommen werden, die aus dem Osten, wie seine Vorfahren damals, eben.

Oder sind es die speziellen Seelenzustände, wie sie nur einen Wiener plagen, das Hin- und Hergerissensein zwischen weinselig und so todtraurig, daß in kaum einem Wienbuch der Hinweis auf die besonders hohe Selbstmordrate der Wiener fehlt, wobei zumeist Stolz und Schadenfreude in den Worten mitklingen. Wenn Sie im Wiener den Prototypen des manisch-depressiven Charakters zu finden meinen, wird Ihnen jener wohl nicht widersprechen, vielmehr seufzend an die mit Wehmut durchzogenen Hochs und die vielen Tiefs seines Lebens denken. Sie werden eine leichte Ironie entdecken, die sich in seine Mundwinkel und Augen geschlichen hat und die verrät, daß der eigentliche, hinter aller Vielschichtigkeit versteckte Kern seines Wesens der Gaukler ist.

Oder liegt das Wesen der Bewohner dieser Stadt tatsächlich in ihrer vielfach hervorgehobenen Fähigkeit zur Niedertracht? »Besuchet die Niedertrachtenzüge um das Wiener Rathaus«, rief André Heller einst aus und ist damit weiß Gott nicht alleine geblieben. Daß das ›goldene Wienerherz‹

so golden nicht ist, das sollte auch Ihnen bewußt sein. Spätestens beim Betreten eines Wiener Taxis, der ersten Bestellung in einem Wiener Restaurant, dem Ankauf eines Tikkets für die Oper oder Ihrer ersten U-Bahnfahrt: Denken Sie daran! Vielleicht werden Sie mit dem Gefühl wieder abreisen, nur zuvorkommende, charmante und freundliche Wiener getroffen zu haben. Nicht einmal das würde widerlegen, was eine gut belegte und gut verborgene Eigenschaft der Menschen hier ist, nämlich gleichzeitig scheißfreundlich und hinterfotzig sein zu können. Das geht so weit, daß, würden Sie hier berufstätig sein, Sie einem Haufen von Intrigen zum Opfer fallen könnten, ohne es der freundlichen Schar der Arbeitskollegen und des Sie überaus schätzenden Chefs jemals angemerkt zu haben. Wie auch? Das Verhältnis des Wieners zur Wahrheit ist ambivalent, weiß er doch, daß eine Zwecklüge der Wahrheit näher kommen kann als die ohnehin immer zweifelhafte Wahrheit. Sie werden nun einwenden, daß es auch in Ihrem Land Intrigen gibt, ja, daß Deutschland auf der Korruptionsskala kürzlich Österreich sogar überrundet hat. So hat es die Organisation Transparency International ermittelt. Das mag schon so sein, aber dennoch gibt es hierzulande eine typisch österreichische Qualität in der Kunst, die Mitmenschen durch bestimmte Schachzüge hereinzulegen oder aus dem Weg zu schaffen. Ein bekannter österreichischer Medienmacher ging, wie nicht wenige seiner Zunft, vor einigen Jahren nach Deutschland. Größere Aufgaben warteten in der neuen Hauptstadt Berlin auf ihn. Verglichen mit seiner österreichischen Berufserfahrung, empfand er die neuen Herausforderungen um einige Ecken anspruchsvoller, der Etat war größer und die Mannschaft auch. Auch war sein Leben am neuen Arbeitsort keineswegs intrigenfrei. Doch als geborener und gelernter Österreicher kam er sich nun wie in einem Anfängerkurs dieser urösterreichischen Disziplin vor.

In Deutschland, so seine Erfahrung, würden Intrigen ordnungsgemäß vorher angekündigt.

Die Wiener spinnen mit großer Leidenschaft feine Netze aus als Rücksicht getarnter Verschwiegenheit und sind Meister in der Kunst, über Dritte zu kommunizieren, und das alles gelingt ihnen so effektiv, daß hier wenig so gut funktioniert wie die Gerüchtebörse. Fest ist die Überzeugung des Wieners, daß »sich alles richten läßt«, wenn man nur die »richtigen Leut'« kennt. Warum der Wiener so geworden ist, hat seine Gründe, vor allem historische. In einem Land, in dem, wie der Schriftsteller Robert Menasse in seiner Analyse *Das Land ohne Eigenschaften* schreibt, »das Denken in historischen Zusammenhängen, die manches an der eigentümlichen Gewordenheit der Zweiten Republik verständlich machen«, als »Provokation, als ›Aufreißen alter Wunden‹« gilt, kann man nur allzugut verstehen, warum Verschwiegenheit, Selbstmitleid und Selbstbetrug wuchernde Blüten treiben. Sie sollen vor einem inneren Zustand schützen, der seine Wurzeln in der Vergangenheit hat und sonst nicht auszuhalten wäre.

Die Gurkenverordnung

In Wien gibt es unter anderem die bestinformierten Taxifahrer, die berühmtesten, in einem Theaterstück von Marlene Streeruwitz verewigten Häuslfrauen (Klofrauen), durch Lebensart geadelte Sandler und die – zugegebenermaßen aussterbende – Spezies der stolzen Sozis. Einen ihrer letzten Vertreter sieht man manchmal noch mit »Billasackerl« (Billa ist die hiesige Lebensmittelkette) am Südbahnhof stehen: Völlig unscheinbar, aber völlig unverwechselbar wartet der ehemalige Bundeskanzler Fred Sinowatz am Bahnsteig auf den Regionalzug, der ihn nach Hause fährt.

Ein Relikt aus alten Zeiten und ein typisch wienerisches Phänomen sind die Hausmeister, denn wie Heimito von Doderer schreibt, »auch Abscheuliches konserviert sich. So etwa das gräuliche Hausmeisterunwesen in den alten Wiener Zinshäusern; eine Tyrannis, die doch niemand missen möchte«. Ich selbst habe so einen Überwachungsspezialisten gekannt. Er grüßte uns immer freundlich, ja geradezu devot, und führte getreulich Buch über all die Schritte der jungen Mädchen, die wir damals waren. Er wußte Bescheid über die Herrenbesuche in unserer Wohnung und die Heimkehr zu früher Morgenstunde. Ab und zu erstattete er dem Hausherrn Bericht, in der irrigen Annahme, dieser wünsche sich ein strenges Regiment für seine Nichten.

Dann gibt es natürlich immer noch eine stattliche Anzahl des seit Generationen licht- und veränderungsscheuen Verwaltungsadels. Die Vertreter dieser Kaste gehen ihrer unkündbaren Beschäftigung mit einem ihnen eigenen Pflichtbewußtsein nach. Tausendfüßlergleich hüten sie ein zum Teil noch aus der Monarchie stammendes barockes Geflecht aus Verordnungen, Beschließungen und Gesetzen, das so komplex ist, daß sich oft niemand daran hält. Aber das mindert deren Freude, neue Verordnungen zu verfassen, nicht im geringsten. Was manchmal zu den absurdesten Auswüchsen bürokratischer Kreativität führt: die »Gurken müssen den Mindestanforderungen entsprechen. Gerade und leicht gebogene Gurken (maximale Krümmung von 20 mm auf 10 cm Länge der Gurken) dürfen (...) Fehler aufweisen. Krumme Gurken (Krümmung von über 20 mm auf 10 cm Länge der Gurke) dürfen jedoch nur leichte Farbfehler und keine andere Verformung als ihre Krümmung aufweisen. Sie dürfen nur getrennt von geraden und leicht gebogenen Gurken dargeboten werden.« Soweit also der Versuch, eine Wiener Ordnung in die Natur zu bringen und den noch weitaus komplexeren EU-

Verordnungen in geradezu vorauseilendem Gehorsam mit gutem Beispiel voranzugehen.

Wenn Sie ein Freund kleiner Milieustudien sind, wird es nicht ausreichen, daß Sie sich in den Kaffeehäusern der Innenstadt auf die Lauer legen und bei den gängigen Besichtigungsrouten nach links und rechts schauen. Für ein differenziertes Bild der Wiener Gesellschaft empfiehlt es sich, aus der Innenstadt heraus in die Vorstadtbezirke zu fahren. Nehmen Sie zum Beispiel die U-Bahnlinie 1 über den Donaukanal und steigen in Kaisermühlen aus. Im Windschatten der sogenannten UNO-City, wie die Hochhausbüros der internationalen Organisationen am anderen Donauufer genannt werden, können Sie in Kaisermühlen gewachsenes Wiener Kleinbürgertum studieren. Mit »gewachsen« meine ich, daß dieses Kleinbürgertum aus dem ehemaligen Großstadtproletariat hervorgegangen ist. Kaisermühlen ist alles andere als ein heruntergekommener, marginalisierter Wohnbezirk. Im Gegenteil. Alles ist adrett, nicht wohlhabend, aber auch nicht ärmlich. Es gibt noch viele Greißler (Krämerläden) und normale Vorstadt-Beisln, wo man nur zwischen Kalbsgulasch, Eiernockerln mit Salat und Wiener Schnitzel wählen kann. Es gibt Frauen, die mit Lockenwicklern auf die Straße gehen, und Männer, die sich täglich auf ein Bier und zum Kartenspielen beim »Wirtn« treffen und für nichts auf der Welt ihren Bezirk gegen einen anderen eintauschen würden. Sie können aber auch nach Hernals, Simmering oder Ottakring fahren oder auch innerhalb des Gürtels durch die Straßen streifen. Schließlich ist der in Wien vorherrschende Sozialtypus immer noch der des Kleinbürgers. In dieser Stadt der kleinen Betriebe, Geschäfte und Lokale, wo die überragende Mehrheit der Arbeitnehmer im Dienstleistungssektor beschäftigt ist und fast alle Arbeitsstätten weniger als dreißig Beschäftigte haben, schlägt ein zutiefst kleinbürgerliches Herz. Auch für die Wiener Literatur, den Film und das Kabarett stellte dieser Sozialtypus immer schon eine Fundgrube dar. Berühmt wurde er in dem von Helmut Qualtinger und Carl Merz verfaßten Monolog über den opportunistischen, chauvinistischen Kleinbürger, den Herrn Karl: »Bis Vieradreißig war ich Sozialist. [...] Später bin i demonstrieren gangen für de Schwarzen ... für die Hahnenschwanzler ... für de Heimwehr ... net? Hab i fünf Schilling kriegt ... Dann bin i umi zum ... zu de Nazi ... zu de damalige Nazi ... da hab i aa fünf Schilling kriegt ... na ja, Österreich war immer unpolitisch ... i maan, mir san ja keine politischen Menschen ... aber das Geld is z'sammkommen, net?«

Die Fernsehserie *Kaisermühlenblues* von Ernst Hinterberger und Reinhard Schwabenitzky hatte es zu einem gewissen Kultstatus gebracht, und das nicht nur bei den Wienern. Selbst von auswärts Angereiste wollten einmal vor Ort gewesen sein, in Kaisermühlen, jenem Bezirk links der Donau, wo es noch diese bestimmte wienerische Atmosphäre gibt, wo tatsächlich Leute wie der »Burschi Leitner« und der »Joschi Täubler« leben und sich genau dieselben kleinen Alltagsschlachten liefern wie im Film. Gnadenloser ist der Blick des Wiener Filmemachers Ulrich Seidl auf die Welt der Vorstädte, der Wohnsiedlungen und ihres sozialen Milieus. Sein im Jahr 2001 mit dem Großen Preis der Jury in Venedig ausgezeichneter Film *Hundstage* ist ein Soziogramm von brutaler Härte. Seine Darstellung sicherheitsfanatischer Pensionisten im hundebewachten Reihenhaus, verwelkter, bis zum Abwinken ermüdeter Opferfrauentypen mit ihrem hilflosen Ringen nach Zuneigung, alkoholisierter und schlagender, niederträchtiger und abgrundtief gesunkener Männer testet ständig die Schmerzgrenze des Publikums aus. Tatsächlich gibt es diese Typen, dieses Milieu in Wien.

Auch der Herr Karl ist schließlich nicht erfunden. Ja, seine realen Vorbilder waren, so sagte Helmut Qualtinger, noch viel schlimmer: »Den echten Herrn Karl hätte uns kein Mensch geglaubt.« Vielmehr fand sich das reale Vorbild dieser berühmten literarischen Figur als Geschäftsdiener einer Delikatessenhandlung in der Innenstadt. Es waren die sechziger Jahre, die Glanzzeit des Wiener Nachkriegskabaretts, als Helmut Qualtinger für das Neue Theater am Kärntnertor arbeitete. Qualtingers Schauspielerkollege Nikolaus Haenel hatte bei der Firma TOP, wo man sich gelegentlich zum Stehachterl traf, einen vorübergehenden Nebenjob als »Mädchen für alles« angetreten. Sein Nachfolger ist ein gewisser Max S., damals vierundfünfzig Jahre alt, im Arbeiterbezirk Hernals wohnhaft, genauer gesagt in einem Gemeindebau des Bezirks. Redefreudig überhäuft er Haenel mit Tiraden aus seinem Leben und rühmt sich, sich's mit allen politischen Systemen »g'richtet« zu haben. »Mindestens zwanzigmal hab i mei Leben aufgebaut in Lauf von mein' Leben.« Als Sozialist und Demonstrant für die bürgerlichen Austrofaschisten, als illegaler Nazi und kleiner Parteigenosse und als Amerikanerfreund, kaum daß der erste Alliierte in Wien auftaucht. Nikolaus Haenel hört dem Mann zu und versorgt Qualtinger und den Kabarettautor Carl Merz brühwarm mit den Fakten. Nur wenige Wochen später, am 15. November 1961, strahlt der österreichische Rundfunk die Ursendung des bis heute berühmt gebliebenen Monologs *Der Herr Karl* aus. Der Skandal ist perfekt. Die einen loben Qualtingers Abrechnung mit dem österreichischen Alltags-Opportunismus als überfälligen Geniestreich, die anderen reden von Selbstbesudelung und nationaler Schande. Seither hat sich der Typus des Herrn Karl vielfach aufgesplittert, Legionen von Schreibern und Filmern stehen in der Tradition von Österreichs größtem Kabarettisten und seinem Blick auf die Seele der Wiener. Ob dem Volk mittels der angeblich realitätsverpflichtenden Form der Fernsehdokumentation aufs Maul geschaut wird, wie in den *Alltagsgeschichten* der Filmemacherin Toni Spira, oder durch den scheinbar fiktionalen Zugriff überhöht, erniedrigt oder verallgemeinert wird, sind dabei bloß Variationen ein und desselben Themas. Denn das ergiebigste Wiener Milieu ist und bleibt das kleinbürgerliche. Nirgends ist das Lokalkolorit greller, der Wiener Dialekt fantasievoller, das Leben für die Außenstehenden exotischer, abstoßender, faszinierender. Und ob nun das Kunstwerk ein Abbild der Realität ist oder die Realität das Kunstwerk abbildet, bleibt die Frage nach dem Huhn und dem Ei. In einer Stadt, in der das Theater schon immer als Teil der Realität, wenn nicht als Realität schlechthin, gewertet wurde und die Realität oft genug bloß Theater ist, sind derartige Fragen müßig. Das Leben ist ein Vexierspiel, das meiste steht zwischen den Zeilen. Wen wundert's, daß wiederum die Wiener ausgesuchte Spezialisten im Lesen und Wahrnehmen von den Gedanken, den Worten, den Taten zwischen den Zeilen sind.

Der Adel ist abgeschafft

Erinnern Sie sich? Schon beim Wiener Beisl ging es um die Frage, ob es etwas, was es nicht gibt, doch gibt oder etwas, das wie das Wiener Beisl vermeintlich vorhanden ist, eigentlich gar nicht existiert. Und damals, also vor vierzig Seiten etwa, habe ich Ihnen auch noch eine zweite Variation dieses Themas versprochen. Werfen wir dazu einen Blick in eine andere Wiener Gesellschaftsschicht, den Adel. Er wurde 1919, nach dem Ende der k.u.k. Monarchie, abgeschafft. In den 50er Jahren des vergangenen Jahrhunderts wurden Briefe, adressiert an Grafen und Prinzen, oftmals gar nicht zugestellt, und die Politiker, vor allem die Schwarzen, die Konservativen vermieden es peinlichst, sich ihr republikanisches Image durch einen illustren Namen zu verderben. Das alles hat sich mittlerweile grundlegend geändert. Kaum ein gesellschaftlicher Anlaß, kaum ein Hochglanzmagazin, das ohne ehemals gekrönte, gefürstete, gräfliche oder freiherrliche Verzierung auskommt. Schließlich ist auch der Graf Bobby eine alte, schon aus der Monarchie stammende Wiener Erfindung.

Wirkliche Aristokratie jedoch ist im besten Wortsinne eine Frage der Haltung, des Pflichtgefühls und der Verantwortung in der politischen Öffentlichkeit. So hat es der wohl prominenteste Vertreter dieser untergegangenen Welt definiert. »In dem Moment, wo die Standesgenossen das Offizium nicht mehr ernst nehmen, hört vieles auf«, sagt Karl Schwarzenberg in der soeben über ihn erschienenen Biographie. Fürst Karl Schwarzenberg fällt auf, und das, obwohl kaum jemand leiser spricht als er. Es ist auch nicht ein gewisses Gehabe, eine fürstliche Geste, ein besonders luxuriöses Äußeres, das ihn so auffällig als Vertreter dessen erscheinen läßt, was es in Österreich nicht mehr gibt: den Adelsstand nebst Titeln und Privilegien. Daß Schwarzenberg selbst seinen Titel, wenn auch mit allem nötigen Understatement, trotzdem führt, liegt daran, daß er kein österreichischer Staatsbürger ist, sondern einen tschechischen und einen Schweizer Paß besitzt. Und das, obwohl er zu den größten Grundbesitzern Österreichs gehört und stets eine wichtige Rolle in diesem Land gespielt hat. Doch selbst mit einem österreichischen Paß, in welchem eben »nur« Karl Schwarzenberg stehen würde, bliebe er für alle immer »der Fürst«.

»Kari«, wie seine Freunde ihn nennen, würde jederzeit ohne Koketterie behaupten, daß es den Adel, und somit ihn als Fürsten Schwarzenberg, gar nicht mehr gibt. Tatsächlich klärte er eine Kollegin vom Fernsehen und mich einmal mit der Aufbietung all seiner intellektuellen Schärfe über den Untergang und die Nichtexistenz der österreichischen Aristokratie auf. Ich würde keiner seiner Analysen widersprechen wollen, und doch war jenes Gespräch in seinem Hotelrestaurant, an einem jener Tische mit Blick in den Park derart von jener – angeblich untergegangenen – Welt erfüllt, daß ich die Szene nie mehr vergessen werde. Es war wie in Luchino Viscontis meisterhafter Verfilmung von Tomasi di Lampedusas Roman *Der Leopard*, in dem der Fürst von Salina den Untergang seiner Gesellschaftsschicht beklagt, um sie als ihr archetypischer Vertreter zu beschwören und ihr dadurch eine noch viel stärkere Präsenz zu verleihen. Der Eindruck, daß hier jemand über die Nichtexistenz von etwas spricht, das er im besten Maße selbst verkörpert, war so überwältigend, daß jene Kollegin und ich beschlossen, eine Fernsehdokumentation über den österreichischen Adel zu drehen.

Die Nörgelmeditation

Wie wienerisch der Wiener ist, weiß er meist selbst nicht, denn er hört sich selbst ja nicht reden, und da auch alle anderen so reden wie er, erscheint ihm seine Art, die Dinge zu benennen, nicht im geringsten absonderlich. So zum Beispiel das ständige Übertreiben: »Was für ein Unglück« ist eine der Lieblingsformulierungen, wobei »Unglück« so weinerlich in die Länge gezogen wird, daß es wirklich nicht mißverstanden werden kann. Ein mißlungenes Unterfangen ist leicht mal »eine Totgeburt«. Die Politik, egal in welchem Bereich, ist meist schlichtweg »katastrophal«. Alles ist in der Regel »ein Jammer«, »verkommen«. Die Achtung vor der Kunst sei »nicht einmal vorhanden«, alles einfach »ein Witz«. Die meisten lesen aus solchen Tiraden nur den Wiener »Grant«, das »Raunzn« heraus. Der Wiener, so heißt es dann, gehe davon aus, daß die Welt schlecht sei und jede Aktivität alles nur noch schlimmer machen werde. »Raunzn«, schreibt der Wiener Dialektführer, sei eine Art »plappernde Nörgelmeditation über die Fehler der Welt im allgemeinen und Gottes im besonderen«. Dabei gelte der Grundsatz: »Jeder raunzt für sich alleine. Auch in Gruppen dienen die Beschwerden des einzelnen nur als Startsignal zu einer allgemeinen Raunzerei, bei der jeder mit weinerlicher Überzeugung sein eigenes Schicksal als das schwerste von allen darstellt. Gelungene Raunztiraden erinnern an Rap-Nummern, die mit halber Geschwindigkeit abgespielt werden.« Doch bei aller Bedeutung des Nörgelns und Raunzens für den Wiener Charakter sollte man nicht vergessen, aus diesem wienerischen Verhalten auch die Kunst der Übertreibung als Eigenschaft der hiesigen Bewohner herauszulesen. Sie ist wirklich eklatant und folgenreicher als das Gejammere, weil der Wiener nämlich die eigenen Übertreibungen und die der anderen wirklich glaubt. Das führt dann wieder zu Verzerrungen in der Wahrnehmung, und die verzerrte Wahrnehmung ist, wie schon an vielen Phänomenen deutlich wurde, das eigentliche Thema Wiens und der Wiener. Vermutlich ist das auch der Ursprung des Wiener Schmähs, der eben mehr ist als bloß ein Scherz, ein Spaß. Wiener Schmäh schließt *per definitionem* Doppelbödigkeit, Charme, Falschheit, Sarkasmus und Zweifel ein. Wie schrieb schon der Schriftsteller Hermann Bahr? »Der Wiener ist ein mit sich sehr unglücklicher Mensch, der den Wiener haßt, aber ohne den Wiener nicht leben kann, der sich verachtet, aber über sich selbst gerührt ist, der fortwährend schimpft, aber will, daß man ihn fortwährend lobt, der sich elend, aber eben darin wohl fühlt, der immer klagt, immer droht, aber sich alles gefallen läßt, außer daß man ihm hilft – dann wehrt er sich. So ist der Wiener.«

Wien und der Osten

Nach Bratislava führte einst eine kleine Eisenbahn, die heute nur zwölf Kilometer vor der slowakischen Hauptstadt im Nichts, oder besser gesagt, im kleinen Ort Wolfsthal endet. Und so manche Sportskanone des späten 19. Jahrhunderts rühmte sich, dereinst von Wien nach Preßburg (auf slowakisch: Bratislava, auf ungarisch: Pozsony) geschwommen zu sein, damals, als beide Länder noch unter einem Dach vereint waren und die Donau diesem Staatsgebilde ihren Namen gab. Sie floß durch die Vielvölkermonarchie und weiter bis ans Schwarze Meer, wo sie sich im Salzwasser verliert. Stellen Sie sich vor, während der Zeit des Kommunismus wäre jemand von Österreich in die Slowakei geschwommen, von der freien westlichen Welt in die Diktatur des Proletariats. Eine absurde Idee. Würde der Fluß in die andere Richtung fließen, also von Ost nach West, hätte wohl manch ein Genosse aus der ČSSR diesen Weg aus der Misere zur Flucht genützt und mit dem Strom das politische System gewechselt. Aber real haben das wohl nur wenige versucht. Die Donau auf der Höhe von Bratislava ist stark und breit, und stromaufwärts zu schwimmen ist fast unmöglich, auch wenn an diesem Abschnitt des Eisernen Vorhangs nicht wie an der Grenze zwischen Ost- und Westdeutschland sogleich geschossen wurde. Die Donau stellte also eine natürliche Grenze im Dienste des Systems dar. Jetzt, oder vielmehr seitdem der Eiserne Vorhang gefallen ist, könnte man wieder schwimmen, vielleicht als Demonstration für die gutnachbarlichen Beziehungen und um die geographische Nähe der beiden Städte ins Blickfeld zu rücken. Außerdem wäre es an manchen Tagen weniger nervtötend, als mit dem Auto von Hauptstadt zu Hauptstadt zu fahren. Denn nichts enthüllt die heutige Beziehung Wiens zu seinen östlichen Nachbarn besser als die Verkehrsverbindungen beziehungsweise die kaum existierenden Verkehrsverbindungen. Dabei ist unter Osten natürlich auch das geographisch weiter im Westen gelegene Prag zu verstehen. Wien war lange Zeit politisch gesehen der letzte Vorposten des Westens zum Osten und davor als Hauptstadt der k.u.k.-Monarchie die westlichste Großstadt des Staatswesens. Wien liegt also im Westen, da kann es auf dem Naschmarkt noch so sehr wie auf dem Balkan zugehen und der Wind aus der ungarischen Puszta durch die Gassen pfeifen. Und doch liegt die Stadt auch wieder im Osten. »Östlich vom Rennweg beginnt der Orient«, hatte schon Kanzler Fürst Metternich Anfang des 19. Jahrhunderts gesagt. Er mußte es ja wissen, denn sein Stadtpalais lag ebendort, am Wiener Rennweg, seit der Römerzeit eine Verbindungstraße von West nach Ost, vom Schwarzenbergplatz durch den 3. Bezirk in Richtung Simmering, Neusiedlersee, Ungarn, aber eben auch Richtung Bratislava.

Geographische Nähe und reale Distanz. Nehmen wir an, Sie säßen im Auto. Ein Nachmittag im Sommer. Ein typischer Ausflugstag. Rund sechzig Kilometer bis Bratislava, ein Katzensprung. Nachdem Sie die Autobahn Richtung

Flughafen genommen und an der übelriechenden Raffinerie von Schwechat vorbeigerauscht sind, biegen Sie bald auf die Landstraße ab und folgen den Schildern Hainburg, Bratislava, Staatsgrenze. Sie fahren durch ein leicht hügeliges Land zwischen Donauauen und Parndorfer Platte, fast schon ein wenig ungarische Puszta, und können die typische Form des länglichen Straßendorfes ausgiebig studieren. Dörfer also, deren Gebäude alle entlang der Hauptstraße angeordnet sind. Kleine, weißgetünchte Häuschen und am Ortsrand Weinkeller mit übergroßen Toren, die in Grashügel zu führen scheinen. Alle Gebäude sind nach hinten in die Länge gedehnt wie ausgezogene Ziehharmonikas. Die Apfel- und Zwetschgenbaumalleen sind idyllisch, aber wenn es so langsam weitergeht, werden Sie noch den Beginn der Opernvorstellung in Bratislava versäumen. Sie sind stolz auf Ihre Karten, haben einen Bruchteil von dem, was Sie für das Wiener Opernhaus auf den Tisch legen müßten, dafür ausgegeben und auch gleich noch einen Platz in einem guten Restaurant reserviert. Mit Blick über die Donau, hat Ihnen die freundliche Dame im Reisebüro versichert. Die offerierte Begleitung haben Sie dankend abgelehnt. Nein, Sie seien ohnedies zu zweit unterwegs. Das wäre also nicht nötig. Doch jetzt? Langsam verdichtet sich die Kolonne, kurz vor Hainburg stehen Sie im Stau. Sie trauen Ihren Augen nicht! Vor Ihnen liegt das Stadttor von Hainburg. Der Verkehr wird einspurig durch den mittelalterlichen Bogen geleitet! Einspurig! Sie starren lange auf das Plakat über dem Portal. Eine Ausstellung über Ottokar II. Přemysl. Der Böhmenkönig war Mitte des 13. Jahrhunderts durch die Heirat mit der letzten Babenbergerin auch Herzog von Österreich geworden. Die Slowakei gehörte damals (und in weiterer Folge bis 1918) zu Ungarn, doch 1271 besetzte jener Ottokar auch die Burg von Preßburg. Alsbald schloß er mit dem ungarischen König Stephan V. jedoch Frieden. Ottokar bekam die Steiermark, Kärnten und die Krain und verzichtete auf seine ungarischen Eroberungen. Aber nicht auf Preßburg beziehungsweise Pozsony, wie es auf ungarisch heißt. Damit vereinte er erstmals diesen multinationalen Großraum.

Ein gemeinsamer Kulturraum sollte auch nach 1989 wieder entstehen, doch die gänzlich unzureichende Verkehrsanbindung von Wien und Bratislava zeigt, wieviel den Österreichern an ihren tschechischen und slowakischen Nachbarn gelegen ist. Herzlich wenig nämlich, wie sonst hätten sie seit über zehn Jahren diese schmale, durch das einspurige Nadelöhr des Hainburger Stadttors führende Straße ertragen? Oder denken Sie an die Strecke nach Brünn und Prag, die auf österreichischer Seite immer noch nicht entsprechend ausgebaut wurde. Wie sonst ist es zu verstehen, daß in den transeuropäischen Verkehrsnetzen Wien kein Knotenpunkt mehr ist, daß die neu entstandenen, die postkommunistischen Länder mit der EU verbindenden Verkehrsadern an Österreich vorbeiführen? Lediglich die Autobahn nach Budapest entspricht den Anforderungen, ganz gemäß dem traditionell viel besseren Verhältnis Wiens zur ehemaligen Hauptstadt der ungarischen Krone.

Endlich erreichen Sie die Grenze, trotz Osterweiterung eine Schengen-Außengrenze, wie Sie seufzend zur Kenntnis nehmen. Danach ist die Straße endlich wieder autobahnbreit. Lassen Sie die große, bedrückend häßliche Trabantenstadt Petržalka rechts liegen, und fahren Sie über die Brücke – ebenfalls eine Bausünde – in die Innenstadt von Bratislava. Der kommunistischen Vorstellung von zukunftsweisender Stadtplanung ist die halbe Altstadt, insbesondere das alte jüdische Viertel zum Opfer gefallen. Aber es gibt noch einen hübschen alten Stadtkern. Dort liegt auch die Oper.

»Der ›Osten‹ war schon immer eine Chiffre für das ›andere‹, das an die Stadt herantritt, das sie abwehrt und zurückstößt – oder das sie aufnimmt und assimiliert, je nach

Opportunität«, schrieb der Journalist Karl-Peter Schwarz, langjähriger Pragkorrespondent der *FAZ*. Das »Andere«, das waren zunächst die Türken, dann die Slawen mit ihren Emanzipationsgelüsten. Die Ungarn, die vor 1100 Jahren aus Asien einwanderten und im 15. Jahrhundert sogar Wien eroberten, wurden später Konkurrenten, aber auch Verbündete der deutschsprachigen Österreicher innerhalb der Monarchie. 1867, durch die Entstehung der k.u.k.-Doppelmonarchie, wurde Ungarn eigenständiges Königreich mit weitreichenden Rechten. Das Kürzel heißt folgerichtig auch kaiserlich (für Österreich) und königlich (für Ungarn). Franz II. legte 1804 die römisch-deutsche Kaiserkrone nieder und regierte fortan als österreichischer Kaiser Franz I. nur noch sein zwar kleineres, aber immer noch stattliches, vornehmlich im Osten gelegenes Riesenreich von Dalmatien bis Galizien, von der Bukowina bis nach Böhmen. Wien profitierte davon. Durch den Zustrom von Zuwanderern wächst die Stadt zwischen 1814 und 1914 um das Zehnfache; 1880 sind nur 38 Prozent der Wiener auch wirklich in Wien geboren. Vor allem Böhmen und Mährer, Niederösterreicher, ungarische und galizische Juden, Polen und Italiener geben der Stadt ein Vielvölkergepräge. Viele berühmte Persönlichkeiten stammen nicht von hier, beeinflussen mit ihren Werken aber das Wiener Geistes- und Kulturleben. Hermann Bahr, Theodor Herzl, Josef Hoffmann, Oskar Kokoschka, Adolf Loos, Gustav Mahler, Sigmund Freud und Billy Wilder sind nur ein paar der berühmten Wien-Immigranten. Selbst nach dem Ersten Weltkrieg ist Wien noch eine Multikulti-Metropole. Adolf Hitler nannte sie wegen des hohen Anteils nicht-deutscher Zuwanderer »die Verkörperung der Blutschande«. Hier habe er die beiden größten Bedrohungen des deutschen Volkes – Marxismus und Judentum – begriffen. In der Folge wurde unter tatkräftiger Mithilfe eines Teils der einheimischen Bevölkerung ein

Drittel der 180 000 Juden ermordet und der Rest vertrieben. Aber auch die Wiener Tschechen haben unter den Nazis gelitten. Eine weltaufgeschlossene Metropole wurde Wien seit jener Zeit nie mehr.

Abgesehen vom kleinen Österreich war der Rest der ehemaligen Monarchie vierzig Jahre lang Teil der kommunistischen Hemisphäre, und Wien, die einstige Kaiserstadt, blieb ohne Hinterland. Ein Wasserkopf im Windschatten der Geschichte. Eine Insel der Seligen gemessen an der Lebensrealität auf der anderen Seite des Eisernen Vorhangs. Eine Situation, die die ehemalige Kaiserin Zita, als sie 1982 das erste Mal seit 1919 wieder nach Österreich kam, zu einer legendären Aussage ermutigte. Auf die Frage des Reporters, wie sie den Zustand Österreichs empfinde, antwortete sie sinngemäß: ausgezeichnet. Was sie damit meine, erkundigte sich etwas verblüfft der Journalist. Er brauche sich nur die Situation in »unseren anderen Ländern« vor Augen halten, dann würde er schon verstehen, was sie meine, sagte die alte Dame keineswegs durch die Realität der Grenzziehungen nach 1918 und 1945 verunsichert. Der Großteil der Österreicher freilich hatte inzwischen einen derart erweiterten Horizont des Denkens und Sich-verantwortlich-Fühlens schon längst verloren.

Wie abgeschnitten dieser Osten war, wurde mir bewußt, als ich im Frühjahr 1989 im Rundfunkarchiv nach Hörfunksendungen über die Tschechoslowakei suchte. Václav Havel saß im Gefängnis, doch die Oppositionsgruppen hegten seit einiger Zeit Hoffnung auf eine Lockerung des Systems. Daß sie es nur ein halbes Jahr später hinwegfegen würden, davon wagten damals nur die wenigsten zu träumen. Ich suchte also nach Beiträgen über ein Land, das mir nur durch die Geschichten meines von dort stammenden Großvaters bekannt war, fand aber zu meiner Überraschung so gut wie nichts im Archiv. Je dreieinhalb Minuten über die letzten vier Parteitage, ein kostbarer Satz im Originalton von Václav Havel nach der Freilassung des Schriftstellers und Charta-77-Begründers aus einer seiner vielen Haftstrafen – mehr nicht. Ich selbst wollte eine Reportage über die diversen Oppositionsgruppen machen, Interviews und Gespräche mit Regimekritikern führen und den politischen Untergrund kennenlernen. Ich reise mit einem Zeitungskollegen. Wir waren gut informiert, hielten die Regeln der Geheimhaltung ein und zogen jede Nacht in ein anderes Hotel. War es naiv oder mutig? Ich fragte nicht danach, hatte mir diese Reise in den Kopf gesetzt und fuhr, obwohl der Chef meiner Abteilung spöttisch lächelnd meinte, ich könne der Redaktion ja eine Postkarte aus dem Gefängnis schreiben. Das war übertrieben, so gefährlich war es damals für ausländische Journalisten in der ČSSR nicht mehr. Auch die Zeiten, als man sich den *Spiegel* oder *Die Zeit* in die Hosenbeine stopfen mußte und zur Ablenkung den *Playboy* auffällig in der Handtasche trug, waren passé. Wir kannten die heroischen Geschichten natürlich alle, auch die von Karl Schwarzenberg, der als Präsident der Helsinki-Föderation für Menschenrechte ständigen Kontakt zu den Mitgliedern der Charta 77 und anderen Oppositionellen hielt. Auch er nützte den Trick mit den entblößten Frauenkörpern, nur ein wenig drastischer, schließlich waren die Dinge, die er nach drüben schaffte, wichtiger als die heimischen Presseerzeugnisse. In der Trafik (Tabakladen) neben seinem Wiener Palais erstand er zum Entsetzen des Besitzers Pornohefte, die er oben in seinen Koffer legte, damit nichts anderes als dies in die Hände der Grenzer fiel. Das Spiel mit der Lust funktionierte verläßlich.

Wienerwald in Preßburg

Die Abschottung fand auf beiden Seiten statt. Nur wenige Intellektuelle, Politiker und Geschäftsleute interessierten sich vor dem Fall des Eisernen Vorhangs für die Vorgänge im Ostblock. Bei den Linken herrschte eine unausgesprochene Berührungsangst mit den Tatsachen in den Ländern der Genossen des real existierenden Sozialismus. Sie blickten entweder weg oder trafen sich mit den Falschen, mit jenen, die die Geschichte bald ins politische Abseits drängen würde. So besuchte der sozialdemokratische Bundeskanzler Franz Vranitzky noch Anfang 1990 Hans Modrow in Ost-Berlin, während der christdemokratische Kultusminister Eberhard Busek schon seit geraumer Zeit ein umworbener Gesprächspartner vieler Oppositioneller und Regimekritiker aus der Tschechoslowakei, Ungarn und der jugoslawischen Teilrepublik Slowenien war. Sein Engagement für Mitteleuropa war indes ein Minderheitenprogramm, das ihm weder Stimmen zu Hause noch Freunde in seiner Partei verschaffte. Jenseits des Eisernen Vorhangs war das Interesse für den Westen trotz Abschottung und Greuelpropaganda naturgemäß groß. Die Dächer von Bratislava wurden »der Wienerwald« genannt, weil alle Fernsehantennen nach Westen, also nach Wien gerichtet waren, damit die Bürger der Stadt die Nachrichten des österreichischen Fernsehens empfangen konnten.

Und dennoch war Wien zur Zeit des Kalten Krieges die Drehscheibe zum Osten schlechthin. Politische Flüchtlinge, etwa 1956 aus Ungarn und 1968 nach der Niederschlagung des Prager Frühlings aus der ČSSR, wurden aufgenommen. Gleichzeitig florierten die Geschäfte mit den Kommunisten auf Österreichs neutralem Boden besonders gut. Und abseits der offiziellen Politik blieb Wien Hochburg für Spione und Geheimdienste aus aller Welt, so wie schon unmittelbar nach dem Krieg in der unter den Besatzungsmächten aufgeteilten Stadt, jenem Wien, das Regisseur Carol Reed nach dem Roman von Graham Greene in seinem legendären, preisgekrönten Film *Der dritte Mann* verewigt hat. Bis zum Fall des Eisernen Vorhangs waren Spione in Wien durch ein Gesetz, welches nachrichtendienstliche Aktivitäten nur dann verbot, wenn es den österreichischen Interessen schadete, quasi vogelfrei. Und da sie sich nun einmal ungezwungen bewegen konnten, auf gewisse Weise ›offiziell‹ in der Stadt waren, wußte nicht nur die österreichische Staatspolizei, wo sie sich aufhielten. Auch die Korrespondenten der ausländischen Zeitungen pflegten zu regelmäßigen Terminen ins urwienerische Beisl Smutny zu gehen, ein Seidl Bier (ein Drittel Liter) und ein Gulasch zu bestellen und mit den Herrn vom KGB, von der CIA, vom tschechischen Geheimdienst STB oder von der Stasi zu plaudern. »Man hätte Taferln aufstellen können«, erzählt Michael Frank von der *Süddeutschen Zeitung*. Die Herren waren derart regelmäßige und zuverlässige Stammgäste des Smutny, daß man stets wußte: »Hier sitzt der Herr von der CIA. Bitte Platz freilassen.« Oder: »Dies ist der Stammtisch des KGB. Wodkaflasche bereit halten.« Oder: »Für den Stammtisch des STB ist unaufgefordert Kaiserschmarrn zu kochen.« Es muß ein angenehmes Arbeiten im Wien des Kalten Krieges gewesen sein, wenn sich vieles einfach bei einem weißen Gspritzten (Weinschorle), einem Seidl Bier, bei Wiener Schnitzel oder Blunzngröstl (geröstete Blutwurst) mit Kartoffel erledigen lassen konnte. Bei derart wienerischen Verhältnissen ist es kein Wunder, daß der ehemalige Wiener Bürgermeister Helmut Zilk, wie sich nach dem Fall des Eisernen Vorhangs herausstellte, vom tschechischen Geheimdienst STB systematisch abgeschöpft worden war, ja, daß ihm sogar unterstellt wurde, als aktiver Agent der ČSSR gedient zu haben. Nach einigen geheimdiplomatischen Schachzügen versandete die angebliche Affäre um den überaus charmanten und gerne im Rampenlicht glänzenden Politiker, diesem Liebhaber des Wiener Wirtshauses und seiner Usancen.

Stationen der Selbstwahrnehmung

Nach 1989 kamen zuerst einmal die vielen Autobusse aus dem Osten voller Neokonsumbürger nach Wien, um ihr Erspartes in die Einkaufszentren, Megastores und Billigläden auf der Mariahilferstraße zu tragen. Die Geschäftsleute profitierten, der Rest der Wiener schimpfte über den unbeherrschten Ansturm auf die Stadt und seine Gemütlichkeit. Wenn der Wiener konnte, stand zwar auch er im Stau nach Bratislava, um seinerseits dort die Läden leerzukaufen, etwa die mit den viel billigeren Lebensmitteln, doch wer will das schon vergleichen? Die im Westen einfallenden Tschechen, Ungarn und Slowaken galten als die armen Nachbarn, die »uns« ausrauben wollen, während wir, die reichen Ex-Verwandten, ja nur Devisen nach drüben brachten. Stationen der Selbstwahrnehmung. Dabei konnten so manche der sogenannten armen Verwandten auch ganz andere Geschichten erzählen. Etwa die Preßburger Übersetzerin Alma Münzova, deren Tante den Enkel des Obergärtners von Kaiser Franz Joseph geheiratet hatte und zu ihm nach Wien gezogen war. Während man in der österreichischen, unter den Siegermächten aufgeteilten Hauptstadt nach dem Zweiten Weltkrieg hungerte, gab es bei den slowakischen Verwandten in Preßburg Kaviar und Shrimps. Das führte zu regelmäßigen Besuchen der Nachkommen des kaiserlichen Gärtners in Preßburg. Als sich dann Mitte der fünfziger Jahre die Verhältnisse umzukehren begannen und zwei slowakische Tanten zu Besuch nach Wien fuhren, spielte man hier immer noch die Rolle der armen Verwandten. Jedenfalls ging man ins Kaffeehaus, speiste und trank, doch, noch bevor es ans Zahlen ging, hatte der Wiener Teil der Familie unter fadenscheinigen Ausreden Tisch und Lokal verlassen, und die slowakischen Tanten mußten für die Rechnung aufkommen. In den fünfziger Jahren ist es den Slowaken nicht mehr so leicht gefallen, westliche Preise zu bezahlen. Viele durften ohnedies bald nicht mehr verreisen. Wer mißliebig auffiel, zu bürgerlich, aristokratisch, jüdisch, gebildet oder regimekritisch war, durfte das Land bis zum Fall des Eisernen Vorhangs, abgesehen von einer kurzen Zeitspanne während des Prager Frühlings, nicht mehr verlassen.

In der österreichischen Wahrnehmung sind die slawischen Nachbarn bis heute die »armen Verwandten« geblieben. So nimmt es nicht wunder, daß in Österreich statt über Zusammenarbeit und Möglichkeiten der Osterweiterung mehrere Jahre über die Beneš-Dekrete oder das Atomkraftwerk Temelin gesprochen wurde. Bei den Beneš-Dekreten geht es um das historische Kapitel der Vertreibung der Sudetendeutschen nach dem Zweiten Weltkrieg aus Böhmen und Mähren. Aber auch beim Streit um Temelin nahe der österreichischen Grenze, waren die Einwände der Umweltschützer nicht immer rational. Bei jeder Wahl in Oberösterreich wird denn auch die Kraftwerksdiskussion wieder aus dem Hut gezaubert und stimmenwirksam inszeniert. Nirgends werden die antislawischen Ressentiments so innig gepflegt wie nahe der Grenze. Oder, wie Vaclav Havels ehemaliger Kanzler, Fürst Schwarzenberg, der sich schon in der Zeit des Kalten Kriegs für die CSSR einsetzte, zu sagen pflegte: »Niemand ist schwerer zu versöhnen als nahe Verwandte.« Über sechzig Vorträge habe er innerhalb eines Jahres zum Thema gehalten, doch erfolgreich sei sein Aufklärungsunternehmen nicht gewesen. Denn der Österreicher verbindet mit den Tschechen noch immer jene armen Zuwanderer, die im 19. Jahrhundert als Dienstmägde und Hausangestellte, als Arbeiter am Bau und in den Ziegelwerken, als Flickschuster und Schneider in der Reichshauptstadt ihr Glück suchten. Zumeist arme Proletarier, Dienstboten und Kleingewerbetreibende, die sich in spätestens zwei Generationen assimiliert hatten. Heute weisen nur die vielfältigen Einflüsse auf die Wiener Küche sowie manches Wiener Wort und die vielen tschechischen Namen auf die Zuwanderer aus Böhmen und Mähren. So kommt etwa das Wort »Strizzi«, Gauner, vom tschechischen Wort *strýc* für Onkel. 1965 ergab eine Untersuchung, daß ein Viertel der Wiener tschechische Namen trägt. Mancher, wie der ehemalige Kanzler Victor Klima, wußte lange nichts über die Herkunft seines Familiennamens. Klima klingt zwar eindeutig deutsch, als Familienname kommt er aber nie im deutschen Sprachraum, sondern nur bei den tschechischen Nachbarn vor. Erst im Zuge seiner Kanzlerschaft wurde Klima mit den linguistischen Tatsachen seiner Herkunft vertraut. Auch umgekehrt werden indes Vorurteile gepflegt. Für die Tschechen ist Österreich immer noch ein Beamten- und Bauernstaat, während es sich ihrer Meinung nach nur mit den Deutschen lohnt, über Dinge wie Kraftwerke, die Autoindustrie oder das Brauen von Bier zu reden – schließlich hätten traditionellerweise stets nur sie, die Tschechen, in der Monarchie etwas von Technik verstanden.

Mittlerweile sind Sie längst wieder in Wien. Die Aufführung in der Oper von Preßburg hat sich gelohnt. Es war ein Orchester von internationaler Qualität, mit guten Gastsängern, der Dirigent war erstklassig, das Essen hinterher »tröstlich«, sogar vom Wein hätten Sie mehr trinken können, wenn Sie nicht das Nachhausechauffieren übernommen hätten. Das wichtigste aber: Jetzt erst wissen Sie wirklich, wo Wien liegt, haben sich ein geographisches Koordinatensystem zurechtgelegt und in der Innenstadt von Preßburg irgendwie gemeint, Wiener Atmosphäre zu spüren. Als Sie das Slowakische Nationaltheater verließen, fiel Ihnen auf, daß es, wie das Wiener Konzerthaus und etwa fünfzig andere Opern- und Theaterbauten in der ehemaligen k.u.k.-Monarchie, vom Architektenduo Ferdinand Fellner und Hermann Hellmer erbaut wurde. Sie haben auch ein Palais Esterházy und ein Palais Pálffy gesehen, letzteres gehört in Preßburg zu den prächtigsten Adelssitzen. In Budapest gibt es selbstverständlich auch ein Fellner- und Helmer-Theater und je ein Pálffy- und Esterházy-Palais, wobei in Budapest das Esterházy-Palais das schönste und größte unter den Palästen und Adelshäusern ist. Die Pálffys hatten auch in Prag ein kleines Palais, in dem sich heute ein hübsches In-Lokal befindet.

Das sind nur wenige Beispiele für die Zusammengehörigkeit dieses kulturellen Raums; das Vernetzungsspiel ließe sich beliebig fortsetzen. Sie nehmen eine Landkarte zur Hand. Krakau ist auch nicht weiter entfernt von Wien als München, stellen Sie fest und planen schon einmal eine weitere Wienreise, dann allerdings von Krakau über Prag nach Budapest und zum Abschluß, zur Abrundung des Ganzen, noch ein paar Tage Wien. Prag, Krakau oder Budapest – all diese Städte stehen im Verdacht, die coolsten Metropolen Mitteleuropas zu werden, und alle könnten – theoretisch zumindest – Wien den Rang ablaufen. Budapest zum Beispiel zieht mit einem Spezialprogramm für ausländische Studenten, die an den zwölf Universitäten und Hochschulen Fremdsprachenstudiengänge absolvieren können, viele junge Menschen in die Zweimillionenstadt.

Wien hingegen gibt sich imperial, gesättigt, es sonnt sich in der hedonistischen Prosperität, die es zu einem guten

Teil den neuen geopolitischen Gegebenheiten zu verdanken hat, tut aber so, als hätte es die Nachbarn nicht nötig. Während noch immer viele Firmen ihre Osteuropa-Hauptsitze in Wien haben, arbeiten viele Österreicher in Ungarn, der Slowakei, Tschechien, Kroatien und Slowenien. Österreich ist also der Gewinner der Ostöffnung. Vor einer Überschwemmung mit billigen Arbeitskräften aus dem Osten fürchtete man sich hierzulande all die Jahre umsonst, und das wird auch durch die Osterweiterung nicht anders werden.

Das große Loch hinter Wien

Jene Übersetzerin, deren Tante den Enkel des Obergärtners von Kaiser Franz Joseph geehelicht hatte, entstammt einer alten jüdischen Preßburger Familie. Sie erzählte, daß ihr ein gebildeter Hamburger Arzt einige Jahre nach dem Fall des Eisernen Vorhangs auf einem Kongreß erleichtert gesagt hatte, er wäre froh, endlich jemanden von »drüben« kennenzulernen, weil er immer das Gefühl gehabt habe, hinter Wien gähne ein großes Loch. »Plötzlich tauchte jemand auf, der – und das war schon meine etwas ironische Reaktion«, schreibt Münzova, »schreiben und lesen konnte und auch anständig gewaschen war. So war es natürlich nicht gemeint, doch eine Portion westlicher Überheblichkeit gegenüber den weniger Bemittelten, den Ungeschickten, die sich so ins Abseits zerren ließen, also den Dümmeren, war – und ist? – noch immer gegeben.«

Wie schon erwähnt, waren die Österreicher auch sehr hilfsbereit. Nach dem Ungarnaufstand 1956 haben sie 150 000 Ungarn Zuflucht in Österreich gewährt, einen ähnlichen Exodus hatte zwölf Jahre später der Einmarsch der Warschauer-Pakt-Truppen in der Tschechoslowakei zur

Folge. Und auch im Zuge des Balkankriegs hat Österreich mehr Flüchtlinge aufgenommen als jedes andere europäische Land. Und so schließt sich sehr langsam das große Loch hinter Wien, und ein Raum wächst wieder zusammen, der über viele Jahrhunderte zusammengehörte.

Schein und Sein

»Das Theater gibt den Ton an, für alle Moden, auch der Seele.« Dieser Satz des Schriftstellers Hermann Bahr, 1906 zu Papier gebracht, besitzt für Wien zeitlose Gültigkeit. Schon wenn Sie sich die Struktur der Stadt vor Augen halten, einen Plan zur Hand nehmen oder sich vorstellen, wie ein Vogel über Wien zu kreisen, werden Sie sehen, daß die Theater, Opern- und Schauspielhäuser Wien fest in Griff haben. Burgtheater, Staatsoper und Akademietheater bilden einen Halbkreis um die Innenstadt, sind aber nicht nur glänzende Angelpunkte im Stadtgefüge, sondern haben eine eigene Definitionsmacht über die Stadt und ihre Menschen. In den an den Ring anschließenden Bezirken sind Volksoper, Theater in der Josefstadt, Volkstheater, Theater an der Wien, um nur die wichtigsten zu nennen, in schönster Reihenfolge verteilt, so daß keine theaterfreien Zonen entstehen können. Und dann die vielen kleinen Bühnen, Kellertheater und Kabaretts. Überall kann es Ihnen passieren, daß Sie auf eine Bühne gezerrt werden, sich unvermittelt mitten in einem Schauspiel befinden, man von Ihnen einen Auftritt verlangt. Und sei es nur der Auftritt in einem Kaffeehaus, einem Inlokal oder wenn Sie elegant und mit beiläufiger Nonchalance vor der Oper oder dem Hotel Sacher aus einem Taxi steigen. Seien Sie auf der Hut, und wählen Sie Garderobe und Gesten bewußt. Gefragt ist weniger die übertriebene, prahlerische Selbstdarstellung als das »gewisse Etwas«.

Andauernd inszeniert diese Stadt Auftritte und manchmal auch Abgänge. Spektakuläre, die breite Masse der Bevölkerung mitreißende, theatralische Abgänge. Etwa damals, als der Burgtheaterdirektor Claus Peymann nach zwölf Jahren seiner durch Provokation und Erneuerung gekennzeichneten Amtszeit keine Vertragsverlängerung mehr bekam. Für den einen Teil der Stadt war es ein Triumph, eine Art Wiedererlangung nationaler Herrschaft über die wichtigste Bühne des Landes, den anderen Teil der Bevölkerung erfüllte Peymanns Abgang mit tiefer Hilflosigkeit, als wär's ein weiteres Indiz für die Vertreibung aller guten Geister aus dieser Stadt. Peymann ging nicht ohne Wehmut ans Berliner Ensemble. Er wurde dort nicht unglücklich, doch mindestens einmal hat er von einer Wiederholung seines Wiener Auftritts geträumt, im Jahr 2001, als es um die Nachfolge des scheidenden Direktors am Theater in der Josefstadt ging. Wiens Auf- und Abgänge machen manche Menschen süchtig.

Der neue Bernhard-Boom

Wenn Sie nun ins Theater gehen wollen, haben Sie die Qual der Wahl. Die Möglichkeiten sind so vielfältig, daß Sie bestimmt, auch ohne größere Vorplanung, Karten bekommen werden. Sogar an der Abendkasse des Burgtheaters lohnt es sich manchmal, um Restkarten anzustehen oder einem Abonnenten Karten abzukaufen, der die seinen loswerden will, weil seine Ehefrau krank zu Bett liegt und er in fünfundzwanzig Ehejahren noch nie ohne sie ins Theater gegangen ist. Nur für die Staatsoper ist es schwer, Plätze zu bekommen. Aber vielleicht kennen Sie ja jemanden, der jemanden kennt, der Ihnen doch noch Karten besorgt. Der Portier im Hotel Sacher oder der im Imperial zum Beispiel. Aber auch das Angebot der kleinen Theater sollten Sie studieren, sich nach dem jeweiligen Programm erkundigen und dann vielleicht in einer der renommierten Kleinbühnen Thomas Bernhards *Stimmenimitator* sehen. Auch im Burgtheater wird womöglich Bernhard gespielt, sein Stück *Elisabeth II* wurde im Dezember 2005 wiederaufgenommen, und auch in der Josefstadt, diesem Tempel bürgerlicher Wohlanständigkeit unter den Theatern, wird ein Werk des Nationaldichters zum besten gegeben. Sie stutzen. War da nicht irgend etwas? Dürfen die Österreicher überhaupt Bernhard aufführen? Hat es der Dichter seinen Landsleuten nicht testamentarisch untersagt? Siebzig Jahre sollten ins Land gehen, ehe wieder Neuinszenierungen auf Österreichs Bühnen oder nicht publizierte Werke in einem Verlag hierzulande erscheinen dürfen. Siebzig Jahre sind doch noch nicht um, werden Sie sich sagen und fragen, welcher Prinz dieses Dornröschen vorzeitig wachgeküßt hat?

Keine 20 Jahre lang ist Österreichs unbequemster Gegenwartsautor nun tot. 1987 brachte Claus Peymann am Burgtheater sein Stück *Heldenplatz* zur Uraufführung, ein bitterböses Sittengemälde über Österreich und seine verdrängte Vergangenheit, eine sarkastische Abrechnung, eine kalkulierte Provokation, die alles bisher Gekannte auf diesem Gebiet übertraf. Die einen forderten ein Aufführungsverbot, die anderen die Absetzung des Burgtheaterdirektors und seine Landesverweisung. Kritiker tobten. Niemand in der Stadt konnte es sich leisten, keine Meinung zum Thema zu haben, jeder Taxler (Taxifahrer), jeder Wirt, ja sogar jeder Staatsbeamte schwelgte im Bernhard-Peymann-Fieber. Die Befürworter von Stück und Inszenierung hielten die ganze hysterische Aufregung wiederum für einen Beweis, wie lebenswichtig und von kathartischer Notwendigkeit ein Stück wie *Heldenplatz* für Österreich sei. Immerhin war ein Jahr zuvor Kurt Waldheim Bundespräsident geworden, obwohl ihm unterstellt wurde, daß er seine braune Vergangenheit verschwiegen und in seiner Biographie ausgelassen hatte. Endlich hatte Wien seine Vergangenheitsbewältigungsdiskussion, sein Aufwachen aus zeitgeschichtlicher Dumpfheit. Zwei Jahre nach der Uraufführung von *Heldenplatz*, am 12. Februar 1989, stirbt Thomas Bernhard. Schon jahrelang hatte ihm seine labile Gesundheit zu schaffen gemacht. Das Begräbnis findet in aller Stille am Grinzinger Friedhof statt, erst anschließend erfährt die Öffentlichkeit vom Tod ihres meistgehaßten und vielvergötterten Dichters und dessen testamentarischem Bann.

Sie sitzen in der Gruppe 80, vorne auf der Bühne steht ein Klavier, daneben ein Stehpult. Ein Schweinwerfer ist auf den Burgtheaterdramaturg und Autor Hermann Beil gerichtet. Er liest kurze Prosastücke von Thomas Bernhard: die Geschichte über den Stimmenimitator, der alles konnte, nur nicht seine eigene Stimme imitieren; das Zusammentreffen in Goethes Wohnhaus in Weimar von zwei Philosophen, »über die schon mehr Schriften erschienen sind als von ihnen selbst«; der köstliche Miniaturtext über das schildbürgerliche Vorhaben der Bürgermeister von Pisa und Venedig, die »heimlich und über Nacht den Turm von Pisa nach Venedig und den Kampanile von Venedig nach Pisa schaffen und aufstellen lassen wollten«; Geschichten über notwendige Selbstmorde, über zwingende Schicksalsschläge, Berichte wie im Lokalteil einer Zeitung, so präzise das Skurrile des Lebens ausleuchtend wie unausweichlich humorvoll. Sie lachen, viel und herzlich, freuen sich an den verschachtelten Sätzen, können gar nicht genug kriegen von dieser Sprache und ihrer eigenartigen Melodie und davon, mit welch einfachen, vollkommenen Mitteln sie von Beil und dem ihn begleitenden Musiker zum Leben erweckt werden. Heute kann Bernhard aufgeführt werden, ohne daß dies sogleich zu Wut- oder Begeisterungsausbrüchen führt. Die Texte wirken »an und für sich«, etliche lassen den Dichter heute milder erscheinen, als einen mit einem lachenden und einem weinenden Auge blickenden Sprachmusiker, einen nuancenreichen Beobachter, einen Seelen- und Milieukenner. Und das ist sehr österreichisch, sehr wienerisch. »Man kann in Verzweiflung, sage ich, gleich, wo man ist, gleich, wo man sich aufhalten muß in dieser Welt, von einem Augenblick auf den anderen aus der Tragödie (in der man ist) in das Lustspiel eintreten (in dem man ist), umgekehrt jederzeit aus dem Lustspiel (in dem man ist) in die Tragödie (in der man ist).«

Und wie also war das mit dem Testament? Die Verwalter des Bernhard-Erbes befanden, daß es nun genug sei mit dem Bann, hoben ihn zur allgemeinen Erleichterung auf und bescheren mit ihrer Vergabepraxis für Aufführungsrechte Österreich seither einen regelrechten Bernhard-Boom. Und siehe da! Den toten Dichter verehren nun alle. Ein bekanntes Phänomen in dieser Stadt, diesem Land, in dem man, wie schon erwähnt wurde, zu Ruhm und Ehre am besten durch den Umweg über das Ausland oder den eigenen Tod gelangt.

Das gilt auch für Peymann, der im Jahr 2002 vom konservativ-bürgerlichen Nestroypreiskomitee geehrt werden sollte. Ausgerechnet Peymann, der einmal gesagt hatte, Nestroy sei ihm zu unzeitgemäß. Der Nestroy unserer Tage hieße Thomas Bernhard. Die Preisverleihung fand kurze Zeit vor den österreichischen Parlamentswahlen statt, und der Laudator André Heller nahm die live im Fernsehen übertragene Gelegenheit wahr, nach guter Nestroy-Manier gegen die damalige Regierungskoalition zu wettern. Der Aufruhr war perfekt, Peymann geißelte das »unwürdige Schauspiel und provinzielle Gezetere« um die Preisverleihung, vergaß nicht, darauf hinzuweisen, wie sehr Nestroy in dieser Stadt unter der Zensur gelitten habe, und gab den Preis zurück. Er wollte »nunmehr endgültig in dieser Stadt und in diesem Land nichts mehr entgegennehmen und von niemandem mehr geehrt werden«. Man sieht: Heute wie gestern lassen sich aus Nestroy, Bernhard, Peymann und Co noch veritable Kulturskandale fabrizieren.

Noch einmal zurück zum Bernhard-Testament. Ein Feuilletonist meinte gar, man könne des Dichters Bann ja auch als Dichtkunst auffassen, als Literatur und also als Fiktion. Dann würde sich der Bann als Hinweis zur Behutsamkeit im Umgang mit den Bernhardschen Texten interpretieren lassen, aber keine reale Aufforderung sein, kein Veto. Sie sehen, Sein und Schein fallen in dieser Stadt oft zusammen. Auch Sie werden nach einiger Zeit Mühe haben, eine Unterscheidung zu treffen. Das hat Hermann Bahr ebenfalls trefflich um die Jahrhundertwende formuliert: »Alles drängt den Wiener von der Wirklichkeit ab. Das ist es auch, was ihn ins Theater zieht.« Aber warum haben ausgerechnet die Wiener ein so gespaltenes Verhältnis zum realen Leben? Warum ist hier der Schein so wahr? Warum wird man in Wien das Gefühl nicht los, vielleicht doch in einem großen Theater mit städtischer Kulisse gelandet zu sein anstatt umgekehrt? Wieso verschwimmen hier die Grenzen zwischen Sein und Schein andauernd? Warum gibt es so viele Selbstdarsteller, und wieso ist es schier unmöglich, wenn man es in dieser Stadt zu etwas gebracht hat, nicht Teil des Theaters zu sein und selbst ein Theater zu veranstalten?

Große Politik und großes Theater

Sagen wir einfach, es ist eine gute alte Tradition in Wien, sich vom Theater anstecken zu lassen und das Theater als ultimative Instanz wahrzunehmen. Schon in der Frühzeit des Barock nahmen sich die Jesuiten der Bühnenkunst an, um mit ihren effektvollen Mixturen aus Oper und Theater kollektive Pädagogik zu betreiben. Unterhaltsamer ging es freilich bei Hof zu. Durch die habsburgische Vorliebe für die Musik wurde die Oper in ihrer Verbindung von Prunk und Zauberspiel zum Paradebeispiel des barocken Festes. Während der Regierungszeit Leopolds I. wurden mehr als 4000 Opern bei Hof aufgeführt. Die neuen künstlerischen Impulse kamen aus Italien und waren so mächtig, daß sich alsbald Italienisch als Umgangssprache bei Hof durchzusetzen begann. Erst einige Zeit später kam noch Französisch hinzu und wurde dann zur ersten Hofsprache. 1741 gründete Maria Theresia das Hoftheater, den Vorläufer des heutigen Burgtheaters, mit dem propagandistischen Hintergedanken, durch die Schauspielkunst die Erhabenheit der Monarchie zu unterstreichen, denn aus ihrer religiösen Überzeugung heraus war die Herrscherin dem profanen Theater gegenüber, anders als der Oper, mißtrauisch eingestellt. Nach dem Vorbild der Comédie Française sollte das spätere Burgtheater zur bedeutendsten Bühne im deutschsprachigen Raum werden. Aber nicht nur die Oper profitierte von der Begeisterung der Wiener für das Theater. Im Wien des Barocks entsteht auch die lange Tradition des volkstümlichen Theaters, der Schwänke und Possen, die, im Wiener Dialekt vorgetragen, großen Erfolg bei allen Bevölkerungsschichten genießen. Zu Oper und Theater kommen noch die feierlichen Sonntagsmessen und die festlichen Umzüge. Zur Zeit Maria Theresias fanden jährlich an die 400 Prozessionen statt. Eine ganze Stadt spiegelte und feierte sich in der hedonistischen Lebensfreude des Barocks, und alle Schichten der Bevölkerung lebten und entwickelten sich in einem Universum, das von dieser Kultur geprägt war. Es ist nur zu verständlich, daß kaum eine andere Epoche die Mentalität der Wiener mehr geprägt hat als das Barock. Und Wien trug mehr als jede andere Stadt zur Verbreitung der Werte dieses lustbetonten Zeitalters bei.

Als fünfzig Jahre nach der Gründung des Burgtheaters durch Maria Theresia Napoleon in der Steiermark einfällt und Wien bedroht, wird Joseph Haydn beauftragt, schnell eine Kaiserhymne zu komponieren, um die Wiener Bevölkerung gegen Napoleon zu mobilisieren. Sein »Gott erhalte Franz den Kaiser«, jene Hymne, die bis 1919 Kaiserhymne bleiben sollte und deren Melodie bis heute in der deutschen Hymne weiterklingt, wurde zum ersten Mal an Kaisers Geburtstag in seiner Anwesenheit im Burgtheater gespielt. Noch am selben Tag wird die Hymne auch in allen Theatern und Opernhäusern der größten Städte der Monarchie aufgeführt. Tatsächlich melden sich in der Folge 8500 Bürger für ein Freiwilligenkorps gegen Napoleon, doch die Bedrohung bleibt. 1805 und 1809 bezieht der Kaiser der Franzosen sogar Quartier in Schloß Schönbrunn. Am 6. Juli 1809 schlägt er das österreichische Heer bei Wagram vernichtend, obwohl er seinerseits nur kurz zuvor bei Aspern eine herbe Niederlage hatte einstecken müssen. Endgültig besiegt wird der Kaiser der Franzosen bekanntlich erst sechs Jahre später in der Schlacht bei Waterloo.

Als am 12. März 1945, kurz vor Kriegsende, die Wiener Oper zerstört wurde, trauerte die ganze Stadt. Mehr als ein Opernhaus war in Flammen aufgegangen. Die Seele Wiens war nicht mehr. Schier unermeßlich war denn auch der Freudentaumel, als die neu aufgebaute Oper am 6. November 1955 wiedereröffnet wurde. *Fidelio* wurde gespielt, Besucher aus der ganzen Welt waren angereist und mit ihren eleganten Roben im Operhaus verschwunden, während draußen in der Kälte Tausende Wiener der Lautsprecherübertragung lauschten, erfüllt von dieser einzigartigen Geburtsstunde des wiedererstandenen Österreichs. Die Funktionstüchtigkeit der Oper wurde zu einem Symbol für die neue Existenz des Landes. Wer keine Opernkarten bekommen hatte, lauschte andachtsvoll und in festlicher Kleidung der Live-Übertragung im Fernsehen.

Die damalige Jubelfeier war ein politischer Akt, der Auftakt zu einem Nachkriegsösterreich, das bis in die achtziger Jahre von seiner Nazivergangenheit wenig wissen wollte. Fünfzig Jahre danach inszenierte der Operndirektor Joan Holender eine Gedenkfeier mit all jenen Komponisten, die im Tausendjährigen Reich nicht gespielt werden durften. Der seit 1991 amtierende Holender, selbst rumänisch-jüdischer Herkunft, versäumte es nicht, zu erwähnen, daß die Jubelfeier im Jahr 1955 wichtige Tatsachen übergangen hatte. Der *Fidelio* wurde damals von Karl Böhm dirigiert, Staatsoperndirektor vor und nach 1945, während der 1938 aus Österreich verjagte Dirigent Bruno Walter 1955 bloß als Ehrengast im Publikum saß und jenem am Pult zusehen mußte, unter dem er selbst als künstlerischer Direktor der Oper hatte gehen müssen. Holenders Gedenkfeier wurde zu einem großartigen Widergutmachungsakt. Zum Abschluß sang ein früher bekannt gewesener Baß der Prager Oper, Karel Berman, der Theresienstadt und Auschwitz überlebt hatte, zwei Lieder von Pavel Haas. Im Krieg hatte er sie in Theresienstadt gesungen. »Berman«, so erinnert sich Joan Holender, »war schon alt und wirkte zerbrechlich, ich begleitete ihn auf die Bühne – sein Lebenstraum war es gewesen, an der Wiener Staatsoper zu singen, den konnten wir nun erfüllen. Einige Monate später starb er.

»Große Politik« findet in Wien auf der Bühne statt.

Und in der »kleinen Politik« geht es wiederum oft wie im

Theater zu. Ursprünglich wollte Bundeskanzler Franz Vranitzky eine Kommission einsetzen, um feststellen zu lassen, wann genau der Tag der endgültigen Befreiung Österreichs gewesen sei. Holender erklärte Vranitzky, daß er nicht warten könne, bis die Kommission zu einem Ergebnis gelangt sei, weil dann vielleicht Künstler wie Domingo, Carreras oder die Gruberóva nicht mehr verfügbar wären. Daraufhin antwortete der Bundeskanzler dem Staatsoperndirektor, dann solle eben er, der Staatsoperndirektor, die 50-Jahr-Feier an dem Tag ansetzen, an dem die Künstler Zeit hätten, und wenn er nun schon den 27. April dafür vorgesehen hätte, würde sich eben auch die Politik danach richten. So wurde der 27. April der offizielle Gedenktag der Republik. Das Theater bestimmt die Realität, wie Hermann Bahr einmal mehr mit unnachahmlicher Präzision erfaßt hat: »Es [das Theater] ist kein Abbild des Lebens. Das Leben ist sein Nachbild.«

»Des ano« – auch das noch!

Im österreichischen Parlament geht es oft genug wie in einer griechischen Tragödie, einer Posse von Nestroy oder einem Stück von Thomas Bernhard zu. Stellen Sie sich vor, im deutschen Bundestag würden laufend Aussprüche von Günther Grass, Martin Walser oder Monika Maron debattiert. Im Parlament in Wien ist so etwas gang und gebe. Hat Elfriede Jelinek etwas Republikkritisches gesagt, schon regt sich das Parlament auf. Es gibt parlamentarische Anfragen zu Theater und Oper, Anträge auf Absetzung ihrer Direktoren, Diskussionen über die Besetzungslisten für Opern- und Theaterstücke. Meistens geht es ums Inhaltliche, viel seltener jedenfalls um die Finanzen. Denn »der Wiener«, schreibt der Dramatiker Wolfgang Bauer, »der sich selbst für einen genialen Schauspieler hält, findet daher nichts dabei, daß ein Burgtheater-Mime etwa zu den bestbezahlten Beamten des Staates gehört. Er gönnt ihm die Gage, als wäre er selbst daran beteiligt.« Texte von Schriftstellern genießen in der Politik mitunter ein wichtiges Ansehen. So etwa zitierte einmal ein konservativer Abgeordneter den Autor und Essayisten Robert Menasse und mußte sich hinterher von einem grünen Abgeordneten anhören, daß er den Schriftsteller aus dem Zusammenhang gerissen und daher entstellt habe.

Sehen Sie, wenn Sie das alles erst einmal verinnerlicht haben, wissen Sie warum es so komisch und gleichzeitig urwienerisch ist, daß sich eine der vielversprechendsten neuen Musiktheaterformationen den Namen »Des Ano« gegeben hat. In einer Geschichte des Schriftstellers Roda Roda reitet ein müder Soldat durch den Matsch. Er hat schlecht geschlafen, in einem feuchten, kalten Zelt frierend dagelegen, sein Magen hat geknurrt, doch der Hunger wurde auch in der Früh nicht gestillt. Die Kette der Mißgeschicke an diesem Morgen riß überhaupt nicht ab. Zuerst sprang ein Knopf von seiner Uniform, dann riß ein Schnurriemen, und am Kaffee verbrannte er sich die Zunge. So reitet er eben müde, hungrig und verdrossen dem Feind entgegen. Als ihn eine Kugel mitten ins Herz trifft und er vom Pferd in den Dreck kippt, ruft er »Des ano!«, »Auch das noch!« und stirbt. So, eigentlich aber noch viel schwärzer und komischer, erzählt Max Gruber diese Geschichte, die eng mit der Entstehungsgeschichte seines Ensembles Des Ano verknüpft ist, das durch seine spezifisch wienerische Art, Lyrik, Musik und Performance zu etwas Neuem zu verbinden, in jüngster Zeit gefeiert und in die Tradition von Qualtinger und Jandl gestellt wurde.

Kunst oder die Steine des Anstoßes

Es gibt in Wien Dinge, die es nicht gibt. Nicht mehr oder noch nicht. Das wissen Sie mittlerweile. Bisher allerdings habe ich Sie nur auf die Dinge aufmerksam gemacht, die es gibt, obwohl es sie eigentlich nicht mehr gibt. Das Wiener Beisl, das Kaffeehaus, den Adel ... Daß man in Wien aber auch die Existenz von etwas feiern kann, das es noch nicht gibt, ist eine weitere Variante des schönen Themas Schein und Sein in dieser Stadt der Theatralik, der Kulturkämpfe, des Größenwahns und der Minderwertigkeitsgefühle. Im Juni des Jahres 2001 wurde drei Tage lang die Eröffnung des Wiener Museumsquartiers gefeiert. Die internationale Presse war eingeladen, Politiker und Würdenträger fanden überschwengliche Worte, Gäste und Schaulustige applaudierten, Kritiker und Gegenkritiker hielten für einen Moment inne. Allein das, was da gefeiert wurde, gab es noch nicht, zu wichtigen Teilen zumindest. Es gab zwar das Quartier, die Museen hingegen eröffneten erst mehrere Monate später. Den ganzen Sommer also strömten erwartungsvolle Besucher durch das Tor der k.u.k.-Hofstallungen, um auf einer Baustelle herumzuflanieren und sich bei einem Café darüber hinwegzutrösten, daß sie von so weither gekommen waren und nun mit einem Torso vorliebnehmen mußten. Hätten nicht Gerald Matt in seiner Kunsthalle und Dietmar Steiner im Architekturzentrum für eine gewisse »Bespielung« des Areals gesorgt, der Eindruck des Potemkinschen Dorfes wäre geradezu perfekt gewesen.

Im Juni feierte man eben die Eröffnung der »Hülle« und erst im Herbst den Rest: die Eröffnung des Museums Moderner Kunst Stiftung Ludwig, das MUMOK. Seit der Einführung des Kürzels MOMA für das Museum of Modern Art in New York ist es offenbar schick, alle Kunstmuseen, vor allem die zeitgenössischen, mit einem MU-, MO- oder MA-Kürzel zu versehen, um ihnen eine gewisse Aura zu verschaffen. Danach folgte im Herbst die Eröffnung des Museum Leopold, des Tanzquartiers, des Architekturzentrums AZ und des Kindermuseums Zoom. Stellen Sie sich vor, die Münchner hätten vier Monate vor der Fertigstellung ihrer Pinakothek der Moderne deren Eröffnung gefeiert, mit all dem Pomp, der dieses einzigartige Ereignis in Bayerns Hauptstadt tatsächlich begleitet hat, bloß ohne Bilder oder Skulpturen in den weitläufigen Räumen. Man hätte sich zumindest gefragt, was der Unsinn soll.

In Wien haben sich derlei Fragen höchstens die unwissenden Touristen gestellt. Für die hier Ansässigen war die Einweihung der »Hülle« vollkommen logisch. Schließlich hatte es ja ganze vierundzwanzig Jahre bis zu dieser Feier gedauert. Vierundzwanzig Jahre Meinungskrieg, Zeitungsschlachten, Volksaufruhr, Planungsmarathons, Visionen und deren Demontage – Wiener Kulturkampf vom Feinsten also. Allein der Verschleiß an Politikern! Vier Bauten- und vier Wissenschaftsminister (in Österreich sind die Wissenschaftsminister für die Bundesmuseen zuständig, und der Bauminister heißt Bautenminister), ebenso viele Wiener Kulturdezernenten, drei Direktoren der Errichtergesellschaft, unzählige Lokalpolitiker, Museumsdirektoren, Architekten, Experten, Konsulenten und Stimmungsmacher wurden von diesem größten Bauvorhaben der Zweiten Republik verschlungen.

Nachdem die barocken Hofstallungen seit den fünfziger Jahren von der Wiener Messe herabgenutzt worden waren, kam in den achtziger Jahren die Idee auf, im künftig revitalisierten »Messepalast« so etwas wie ein österreichisches Centre George Pompidou zu errichten. Mit den beiden großen Museen am Maria-Theresia-Platz, dem Kunst- und dem Naturhistorischen Museum, und der Hofburg auf der anderen Seite des Rings würde auf diese Weise ein riesenhafter Kulturkomplex entstehen, ähnlich dem Areal rund um den Pariser Louvre oder dem Museumsviertel in Washington entlang der Mall. Heute müßte man auch noch den Vergleich mit der Berliner Museumsinsel anfügen, doch damals war dieser Kulturkomplex noch in der Hand der kunst- und kulturmarktunfähigen SED-Funktionäre.

Mit den Brüdern Laurids und Manfred Ortner gewannen 1990 zwei Protagonisten der jüngeren Generation den Architekturwettbewerb für das Wiener Museumsquartier. Und hier fing der Streit erst richtig an. Der konservative Teil der Stadtbevölkerung attackierte mit ihrem Sprachrohr, der *Kronen-Zeitung*, die Planer. Einmal wurde die Architektur angegriffen, dann wieder das Nutzungskonzept. Eine Bürgerinitiative schlug allen Ernstes vor, die kaiserlichen Stallungen wieder gemäß ihres ursprünglichen Zweckes renovieren zu lassen. Pferde und Wagen sollten als Dependance der Spanischen Hofreitschule und der Wagenburg hierher übersiedelt werden, Pferdeausstellungen organisiert und eine Pferdetramway durch die nahe gelegene Mariahilferstraße geleitet werden. Neben den Nostalgikern gab es die auch sonst bei allen anderen städtebaulichen Projekten damals höchst engagierte Antihochhausfraktion, die darüber wachte, daß in Wien nichts den Stephansturm überragt und sich auch sonst alles Neue nicht nur höhenmäßig unter das Alte ordnet. Vor allem der 67 Meter hohe Leseturm, geplant als Bibliothek für zeitgenössische Kultur und Medien, mußte fallen, angeblich nicht zuletzt wegen des Protests eines Kaufhausbesitzers, der sich den freien Blick von seinem Penthouse zum Stephansdom nicht durch die Anmutungen der Moderne verstellen lassen wollte.

Konservativismus versus Avantgarde. Ohne ein heftiges Tauziehen zwischen diesen beiden Polen ist Wien undenkbar. Natürlich gehört zur Dramaturgie auch noch, daß der Kulturkampf mit grimmigem Genuß, einer großen Portion Perfidie und entsprechend lautstarkem Pathos von den Medien aufgegriffen und zur Unterhaltung aller tagtäglich aufs neue kredenzt wird. Das »Museumsquartier ist ein Tumor«, titelte die *Kronen-Zeitung* von Hans Dichand, die der deutschen *Bild-Zeitung* entspricht, nur daß sie mächtiger und einflußreicher ist. Die geplanten Bauten seien ein »brutaler Klotz«, ein »Skandalbau«, ein »Monster«. Ganz zu Anfang der Planungsphase war der Zeitungszar, selbst wichtiger Kunstsammler, vom damaligen Bautenminister Sekanina mit einem Konsulentenvertrag über zwei Millionen Euro in die Entstehung des Museumsquartiers eingebunden worden. Sekaninas Nachfolger annullierte Dichands Vertrag. Das mag im Sinne der Abschaffung der »Freunderlwirtschaft« zwar löblich gewesen sein, aber daß Politik dieser Größenordnung gegen einen aufgebrachten Dichand wenig Chancen hat, müßte dem neuen Minister eigentlich auch bewußt gewesen sein.

Und so entlarvt der Kampf um das Museumsquartier, heute elegant nur noch MQ genannt, die Menschen in dieser Stadt, ihre Art zu reden, sich selbst wahrzunehmen, sich eine Identität zu geben. Genaugenommen wird ja schon seit zweihundert Jahren um diesen an die Hofburg angrenzenden Stadtraum gestritten. Man weiß seit der Schleifung der Stadtmauern nicht so recht, wie damit umzugehen ist. Auch die gewaltigen Pläne von Gottfried Semper für das Kaiserforum waren damals nicht durchsetzbar. Sie blieben unvollendet. Doch nichts ist dem Wiener Gemüt gemäßer als unvollendete Projekte, Provisorien und Torsi. Dem Wiener graut vor endgültigen Zuständen, klaren Verhältnissen und eindeutigen Entscheidungen. Schließlich sind das Dinge, die Gewohntes beenden, liebgewonnene Traditionen auflösen, eingefleischte und über Generationen gepflegte Feindschaften zunichte machen. Und weil das so ist, liefert man sich um das MQ weiterhin Scharmützel.

Dunkelgraue Basaltlava und weißer Muschelkalk

Nun aber wirklich. Ab ins Museum. Im Kubus aus dunkelgrauer Basaltlava wartet das Museum moderner Kunst mit der Pop-art-Kollektion des deutschen Sammlers Peter Ludwig auf Sie. Er hat sie 1978 dem österreichischen Staat als Dauerleihgabe zur Verfügung gestellt und damit den Grundstein für dieses Museum gelegt. Dazu kamen noch die Fluxus-, Happening- und Konzeptkunstwerke aus der Sammlung Hahn und eine Reihe wichtiger Ankäufe von Werken neuerer Kunstgenerationen. Gegenüber, im Pendant aus weißem Muschelkalk, wurde die Sammlung des Wiener Augenarztes Dr. Rudolf Leopold untergebracht. Die Republik hatte die Gemälde und Zeichnungen von Gustav Klimt, Egon Schiele und Richard Gerstl sowie Möbel und andere Gebrauchsgegenstände der Wiener Moderne 1994 für umgerechnet 160 Millionen Euro erworben und Leopold zusätzlich noch ein eigenes Museum und den lebenslangen Direktorenstuhl zugesichert. Leopold sammelte mit Hilfe österreichischer Banken, die ihm Millionenkredite »auf seine blauen Augen«, wie man in Wien so sagt, gewährt hatten und den so entstandenen Schuldenberg »nicht einmal ignorierten« (zu deutsch: darüber bestens informiert waren). Der Sammler erwies sich jedoch als vortreffliche Spürnase, er kaufte rechtzeitig, wenn er auch nicht immer über die Herkunft seiner Bilder Bescheid wußte.

Und so kam es, daß er zwei Bilder erwarb, die Anfang 1998 in New York als NS-Beutekunst beschlagnahmt wurden. Das rückte eines der dunkelsten Kapitel der österreichischen Kulturpolitik ins Blickfeld der Öffentlichkeit: den immensen und bis dahin nicht einmal dokumentierten Kunstraub durch die Nationalsozialisten und den Umgang Österreichs damit seit 1945. Denn während in Deutschland arisiertes Eigentum vielfach zurückgegeben wurde, dachten die österreichischen Behörden nicht im geringsten daran. Nach dem Krieg hatten jüdische Ex-Eigentümer ihre Ansprüche an die Republik zwar geltend gemacht, sie wurden aber schamlos abgeschmettert: Man drängte sie in die Warteschleife der österreichischen Bürokratie ab oder enteignete sie schlichtweg auf erpresserische Weise zum zweiten Mal, indem man sie etwa dazu zwang, die Beutekunst durch nachträgliche Schenkungen zu legalisieren. Die österreichische Republik hat auf diese Weise die Erben ehemals österreichischer jüdischer Familien um ein Milliardenvermögen gebracht. 1998 sorgten die zwei Bilder von Egon Schiele aus der Sammlung Leopold für gehörigen Wirbel. Dazu kam der Druck von seiten zweier österreichischer Journalisten, Thomas Trenkler und Hubertus Czernin, so daß nach vielem Diskutieren der österreichische Nationalrat ein Ermächtigungsgesetz verabschiedete, wodurch die zuständige Unterrichts- und Kulturministerin Elisabeth Gehrer die Raubkunst ermitteln und an die rechtmäßigen Eigentümer zurückgeben konnte. Auf diese Weise kehrten auch die Namen und Geschichten jener Familien des jüdischen Großbürgertums ins österreichische Bewußtsein zurück, die das Wien der Jahrhundertwende so nachhaltig geprägt hatten. Die Rothschilds zum Beispiel, die ihre gesamte Kunstsammlung zurückbekamen. Die Familie Thorsch und die Bloch-Bauers dagegen kämpfen noch um ihre Rechte. Viele Verfahren sind noch nicht abgeschlossen, und andauernd kommen neue hinzu. Aber ein Anfang ist gemacht.

Kunstboom wie in London

Wenn Sie vom ganzen Herumlaufen jetzt müde sind, dann gibt es nichts Besseres, als in eines der Cafés des Museumsquartiers einzukehren. Fast jede Institution hier betreibt ihr eigenes Café, und alle florieren. Man sagt, daß in Wien eine Kulturinstitution nur dann erfolgreich sein kann, wenn sie über ein Lokal verfügt.

Vielleicht läßt es die Jahreszeit ja zu, daß Sie im Freien sitzen, aber auch aus dem Café des Leopoldmuseums hat man einen wunderbaren Blick über das Areal der ehemaligen Hofstallungen. Das Museumsquartier ist nämlich, allen Unkenrufen zum Trotz, durchaus gelungen. Ich könnte Stunden, ja, ganze Tage hier zubringen, durch die einzelnen Höfe schlendern, bei den kleineren Kunstbüros vorbeischauen, in der sehr umfassenden und wohlsortierten Buchhandlung im Barocktrakt von Fischer von Erlach Kunstbücher kaufen und sie anschließend und für den Rest des Tages in einem der Museumcafés lesen, dann noch die laufende Ausstellung in der Kunsthalle besuchen, wieder Bücher kaufen, diesmal im Museumshop, wieder lesen, Kaffee trinken, sich umschauen, denken, lesen und so weiter. Das Museumsquartier hat sich perfekt in die Stadtlandschaft eingefügt. Es wird nicht nur von denjenigen besucht, die ins Museum gehen wollen. Vielmehr funktioniert es als urbaner Raum, als Verbindung zwischen den das Quartier umgebenden Stadtteilen, als Flaniermeile (gottlob ohne Shoppingarkaden!), als ruhige, den Fußgängern vorbehaltene Verweilzone (ohne eine Fußgängerzone zu sein!), und es gibt kreative Impulse an seine Umgebung ab: Büros für Kulturvermittlung, Szenelokale, Designerläden und Galerien haben sich rund um das MQ angesiedelt. Die Bezirke Mariahilf und Neubau, also alles zwischen der unteren Mariahilferstraße und dem Spittelberg, sind richtig schick und »in« geworden. Wenn man das MQ Richtung Osten verläßt, also beim Tanzquartier und beim Kindermuseum vorbei über den Getreidemarkt zum Naschmarkt geht und dann weiter in die Schleifmühlgasse und zum Abschluß noch zur Kunsthalle am Karlsplatz (einer Dependance der Kunsthalle im MQ), wird man den Eindruck gewinnen, in Wien herrsche, was die bildende Kunst betrifft, fast schon so eine Atmosphäre wie in London. Allerdings mit dem Unterschied, daß die Londoner Künstler bei weitem nicht so schlaraffenlandähnliche Lebens- und Arbeitsbedingungen haben wie ihre Wiener Kollegen. Am Naschmarkt haben Sie Ihre Kunsttour kurz unterbrochen, um bei Mr. Lee asiatische Nudeln zu essen. Derzeit ist nichts hipper als Mr. Lee's kleiner Laden, die wenigen Tische sind stets besetzt, die Gerichte köstlich, fast schon im Vorübergehen genießbar, so schnell werden sie zubereitet. Ob es Mr. Lee's Nudeln noch gibt, wenn Sie dieses Buch lesen, kann ich nicht versprechen. Auch in Wien schießen mittlerweile die Szenelokale nur so aus dem Boden, und sie können auch in relativ kurzer Zeit wieder verschwinden wie überall auf der Welt. Nur war das in Wien bisher anders.

Was ist passiert? werden Sie sich fragen. Wären Sie Ende der achtziger Jahre das letzte Mal in der Stadt gewesen, hätten Sie erlebt, wie das Kunstmagazin *art*, das Sie damals womöglich abonniert hätten, soeben das »Kunst-Wunder von Wien« ausrief. Die Szene, so hieß es, »explodiere« förmlich, »Künstler würden die Stadt verändern«. Das war es, was viele Menschen damals nach Wien zog, diese Aufbruchstimmung, diese spezielle Mischung zwischen Tradition und Avantgarde. Doch allzu fündig wären Sie damals noch nicht geworden. Gewiß, Peter Noever hatte soeben sein Amt angetreten, und er schickte sich an, sein Museum für angewandte Kunst, das MAK, Schritt für Schritt in die erste Adresse für kontroverse, international beachtete Großausstellungen umzuwandeln. Auch im Museum für moderne Kunst, dem 20er-Haus, konnte man gute Kunst sehen. Auch von österreichischen Gegenwartskünstlern. Und doch wären Sie den Eindruck nicht losgeworden, daß die Lebendigkeit zwar nicht zu übersehen war, aber noch nicht so recht Blüten getrieben hatte, daß das Alte noch immer gegenüber dem Neuen dominierte. Der Wiener Aktionismus und dessen Vertreter Hermann Nitsch, Günther Brus oder Otto Mühl sowie die wichtigen Figuren der bildenden Kunst der Nachkriegszeit, beispielsweise Arnulf Rainer, Maria Lassnig, Walter Pichler, Max Weiler und Oswald Oberhuber, bestimmten die Szene, und an den Meisterklassen der Akademie der bildenden Künste und der Hochschule für angewandte Kunst hatte der Generationswechsel noch nicht stattgefunden.

Heute aber kann man endlich von einer wahren Renaissance der Wiener Kunstszene sprechen. Schon die Art und Weise, wie sich die gegenwärtige Kunst präsentiert, läßt den sensiblen Beobachter aufhorchen. Jung und alt, Neues und Arriviertes finden sich heute gleichberechtigt nebeneinander. Jetzt ist die Kunstszene wirklich explodiert, im Sommer kann man an einem Abend auf ein halbes Dutzend Vernissagen gehen. Podiumsdiskussionen zu Kunstthemen, Clubbings in Galerien, Kunst im Lokal oder vielmehr Lokale, die einfach Kunst und Kult sind, gibt es in Hülle und Fülle. Man hat das Gefühl, es gibt keine Wirtschaft in dieser Stadt, nur Kultur. Und auch die künstlerischen Debatten werden anders geführt: Es ist nicht mehr so, daß auf der einen Seite die Altherrenriege steht und auf der anderen die aufmüpfigen Jungen, sondern es herrscht Austausch, Vielseitigkeit, Individualismus. Als ein Verbindungsglied zwischen älterer und jüngerer Generation gilt vielen der Bildhauer Franz West, vielleicht, weil der mittlerweile auch schon über Fünfzigjährige so jung geblieben ist, so kauzig, witzig, verschroben und eigenbrötlerisch. Ursprünglich aus dem Umkreis der Aktionisten, ist er heute mit seinen körperbezogenen, mitunter auch benutzbaren Plastiken neben Arnulf Rainer der weltweit am häufigsten ausgestellte österreichische Künstler. Seine Stühle, Sofas und Bänke aus alten Rohren, Eisenstäben, Draht und Gips wirken in ihrer verbogenen, verspielten Art wie Menschen, und doch möchte der Künstler sie von Menschen genutzt wissen, damit sie zu lebenden Skulpturen werden. Auch die Künstlergeneration der achtziger Jahre, etwa Peter Kogler oder Brigitte Kowanz, sind längst international erfolgreich, und auch an den Hochschulen haben Jüngere, zum Beispiel die 1970 geborene Künstlerin Elke Krystufek, Meisterklassen übernommen.

Tour de force von Jenny Holzer bis Tafelsilber

Das Museumsquartier hat aber nicht nur die zeitgenössische Kunstszene der Stadt belebt, es hat auch eine Achsenverschiebung bewirkt, die nun eine neue Wahrnehmung der Stadt ermöglicht. Früher fand man die moderne Kunst zwischen dem 20er-Haus beim Südbahnhof, dem Palais Liechtenstein im 9. Bezirk und dem MAK am Stubenring; ein

Dreieck, dessen Punkte so weit voneinander entfernt lagen, daß sie dem Kunstfreund meist zur Entscheidung für einen der drei Orte zwangen. Legt man indes heute eine Achse vom Museumsquartier zum MAK, kann man dazwischen eine Art Gewalttour durch eine Reihe der wichtigsten Museen der Stadt in Angriff nehmen. Und zu guter Letzt müssen Sie natürlich erst recht ins Liechtenstein, nun nicht mehr wegen der modernen Kunst, sondern wegen der seit 2004 dort auf das allervortrefflichste präsentierten fürstlichen Kunstsammlung.

In Wien fließt ganz organisch Neues in Altes und zurück in Neues. Da gibt es die Kunsthalle mit zeitgenössischer Kunst, das Kunsthistorische Museum mit seiner weltberühmten Gemäldesammlung, mit den Breughels und Rubens', und gegenüber das Naturhistorische Museum mit den Dinosauriern und Insekten. Weiter geht es zu den Museen der Hofburg (eine Stadt in der Stadt) und zur graphischen Sammlung der Albertina. Mit ihren 44 000 Zeichnungen und Aquarellen und den an die 1,5 Millionen Druckgraphiken gilt sie als bedeutendste Graphiksammlung der Welt. Blätter von Leonardo da Vinci, Raffael und Dürer, Rembrandt und Rubens sind ebenso zu sehen wie Zeichnungen von Klimt, Schiele und Kokoschka. Am anderen Ende der Innenstadt schließt sich mit dem MAK wieder der Kreis zum Modernen. In der Ausstellungshalle im Nebentrakt lädt Peter Noever zu seinen Wechselausstellungen zeitgenössischer Kunst ein.

Außerdem bietet das MAK Ihnen einen beeindruckenden Überblick über die Wiener Design- und Kunsthandwerksszene: Neben seinen wechselnden Ausstellungen präsentiert es Kunst- und Gebrauchsgegenstände aus acht Jahrhunderten, und zwar in Räumen, die von bekannten zeitgenössischen Künstlern wie Franz Graf, Donald Judd oder Jenny Holzer gestaltet wurden.

Tatsächlich hat sich Wien zu einem wichtigen Zentrum für zeitgenössische Kunst entwickelt. Ein erstaunliches Phänomen in einer Stadt, die so sehr aus ihrer überreichen Vergangenheit schöpft und deren Bürger zum überwiegenden Teil konservativ gestimmt sind. Aber es verhält sich damit eben genauso wie mit der Wiener Küche, über die am Ende dieses Buches noch einiges gesagt werden wird. Aus ihrem Dornröschenschlaf geweckt, schwelgt sie nun in einer Kreativität, die sie nicht zuletzt ihrer Vergangenheit verdankt. Und weil das so ist, weil sich in Wien Neues so sehr aus Altem speist, müssen Sie mich, selbst wenn Ihre Füße Sie bald nicht mehr tragen können, noch kurz in die Hofburg begleiten. Hinterher sind es nur zwei Gehminuten ins Café Griensteidl, wo Sie Ihre Füße auf einer der Sitzbänke am Fenster hochlagern können, mit einer Tageszeitung als Tarnung darüber. Dann können Sie für den Rest des Tages von dieser *tour de force* ausruhen.

Gehen wir also in die Hofburg, genauer in die Hofsilber- und Tafelkammer. Natürlich könnten Sie auch die Gemächer von Kaiser Franz Joseph und Kaiserin Elisabeth (für die einen Sissi, für die anderen Sissy oder auch Sisi) bewundern und in der Schatzkammer die ungeheuer wertvollen Reichskleinodien des Heiligen Römischen Reiches Deutscher Nation und der österreichischen Monarchie bestaunen. Kronen, Zepter, Gold und Edelsteine in Hülle und Fülle, so daß Ihnen entweder ganz märchenhaft oder kriminalistisch zumute werden wird, je nachdem ob Ihr Vorbild James-Bond- oder Heimatfilme sind. Doch uns interessiert ein anderer Blick auf den alten Kaiser und seine Monarchie. Ein Blick durch das Schlüsselloch der Küchentür. Dazu gibt es eben das sich mit systematischer Akribie präsentierende Museum der Hofsilber- und Tafelkammer. Es beschäftigt sich ausschließlich damit, welche Hofdienste sich wie und mittels welcher Gegenstände um das leibliche Wohl der allerhöchsten Herrschaften des Wiener Hofes zu kümmern hatten. Die Hofküchen und

-keller, die Hofzuckerbäckerei und die Hoftafelkammer, die Hofwäsche-, Hoflicht- und Hofholzkammer bildeten zusammen das größte Dienstleistungsunternehmen der Monarchie. Eine Art labyrinthischer Bienenstock, ohne den es kein monarchisches System gegeben hätte.

Unzählige Hofköche werkten noch unter Kaiser Franz Joseph in der Hofküche und der Hofzuckerbäckerei. Ganze Bataillone von Küchenweibern, Bratenwendern, Kesselreibern, Küchenträgern und Holzhackern standen ihnen zur Seite. Ein Küchenschreiber und der Küchentürhüter ergänzten das Gefolge, an dessen Spitze der Hofkücheninspektor stand. Der Hoftafelmeister war für den reibungslosen Ablauf der großen, nach einem jahrhundertealten, unendlich komplizierten Hofzeremoniell ablaufenden feierlichen Hoftafeln zuständig. Ihm war eine erkleckliche Anzahl an Personal, darunter die Vorschneider, Mundschenke, Saucen- und Schüsselmänner für das Servieren, Auf- und Abtragen der Speisen unterstellt. Es gab Hoftafeldecker und die Hofgartenbeamten. Letzteren oblag der Blumenschmuck bei den kaiserlichen Diners. Das Ausmaß an kupfernen Schüsseln, Formen und Terrinen für Torten, Pasteten, Sulzen und alle anderen Herrlichkeiten der höfischen Speisekarte scheint wie aus Tausendundeiner Nacht, und in der Silberkammer hat man noch immer das Gefühl, gleich würden die Hofsilberputzer und die Hofsilberputzergehilfen und die Hofsilberwäscherinnen mit Körben voller schmutziger Gabeln, Messer, Silberplatten und Tafelaufsätze, Leuchter und Vorlegbestecke daherkommen und sich bei ihrer Arbeit den Mund über die soeben beendete Hoftafel zerreißen, neueste Gerüchte zum besten geben und über den Hoftafelinspektor, den damaligen Leiter der Hofsilber- und Tafelkammer, herziehen. Das ist prunkvoll-barocke Bürokratie. Und nirgends kommt sie besser zur Geltung als hier, in den Küchen und Tafelkammern der Hofburg.

Die »gute Gesellschaft«

Samstag mittag. Die Einladung kam per Telephon. Jetzt irren die Gäste zwischen zwei Weilern im Marchfeld umher, den Zettel mit der unleserlich hingekritzelten Wegbeschreibung in der Hand, und suchen eine undeutlich markierte Abzweigung, die mitten in den Wald führen soll. Dort, so hatte es der Gastgeber erklärt, finde sich dann plötzlich ein Zaun, ein Tor und ein Jagdhaus. Dann sei man angekommen. Eine kleine, feine Einladung zum Lunch vor den Toren Wiens, wie der mitgebrachte Engländer distinguiert und eine Spur zu gekünstelt erklärte. Die Hiesigen sagen schlicht: »Zum Mittagessen beim Ernstl«, duzen einander jovial und über alle Alters- und sonstigen Grenzen hinweg. Man kennt sich, und wenn nicht, kennt man bestimmt jemanden, den man gemeinsam kennt. »Deinen Vater schätz ich sehr« oder »Ja, die Gerti, die war sozusagen mein Ziehkind« oder »Kennen tun wir uns schon, nur g'sehn hama uns no net«. Kleine Welt. Es werden gute Weine gereicht, darunter ein Grüner Veltliner, der im Handel gar nicht zu haben ist, weil er ausschließlich für ein

Wiener Nobelhotel gekeltert wird. Es gibt eigens vom Hausherrn geschossenes Wild als Hauptgang mit in Cointreau gesottenen Charlotten, Preiselbeermarmelade und Erdäpfelgratin (Kartoffelgratin).

Das Tischgespräch ist so gelassen heiter wie dem Wiener Schmäh ergeben und dreht sich selbstverständlich um die große und kleine Politik, um Anekdoten zur Historie und Aperçus zum Weltgeschehen. Keiner der Gäste nimmt sich selbst allzu ernst, weder was seine berufliche Position noch sein gesellschaftliches Gewicht betrifft. Daß die eine Intendantin des Rundfunk und Fernsehens ist, der andere ein bekannter Regisseur, der dritte ein erfolgreicher Unternehmer, die vierte die Urenkelin des letzten Königs von Frankreich, spielt nur insofern eine Rolle, als jede dieser Biographien für eine Menge Geschichten und Anekdoten gut ist, die es nicht gäbe, hätten es die Leute nicht durch eigene Arbeit oder Geburt zu etwas gebracht. Stilvolle Konversation dient keinerlei Absicht. Vielmehr ist es die angenehme, plätschernde Begleitmusik zu den gesellschaftlichen Zusammenkünften. Und doch liegt man falsch, wenn man ihren Wert als Kontaktbörse verkennen würde. Auch ein völlig legeres Mittagessen mit einer betont unbedeutenden Konversation kann Weichen stellen, berufliche Positionen verbessern, also von außerordentlicher Wichtigkeit sein. Das wesentliche dabei ist, daß die Absichten nie direkt angesprochen werden, sie dürfen höchstens zwischen den Zeilen durchscheinen, müssen sich in den anekdotenreichen Faden der Konversation einfügen. Der Hausherr erzählt, daß er als Kind den Mörder Rasputins kennengelernt habe. Fürst Felix Jussupow, der den russischen Wanderprediger und Berater des letzten Zarenpaares auf dem Gewissen hatte, sei als alter Mann einmal in Wien bei einem Cocktail erschienen. Niemand durfte ihn auf Rasputin ansprechen, die einzige Tat offenbar, die den Fürsten berühmt gemacht habe. Derart konditioniert, stellte ihn die Gastgeberin sogleich als Fürst Rasputin vor.

Dann meldet sich der erfolgreiche Unternehmer zu Wort und beginnt, von seinen politischen Ambitionen bei Österreichs Christdemokraten in den fünfziger Jahren zu erzählen. »Wos! Fürstenberg haasd dea und a Dokta is er a no. Der will sie einezwutschkerln, oba den wern ma glei odrahn.« (Er möchte sich reindrängen, aber wir werden ihn gleich abdrehen.) Unnachahmlich wienerisch war der Kommentar des damaligen Obmanns des christdemokratischen Arbeiter- und Angestelltenbundes. Lois Weinberger war Gründungsmitglied dieser Partei, jemand also, der sich mit Fug und Recht zur »schwarzen Aristokratie« im Land zählen durfte. Für Mitglieder des alten Adels aber gab es in den fünfziger Jahren bei den Konservativen keine Karrieremöglichkeiten. Heute lacht Fürstenberg, schließlich ist ja trotzdem etwas aus ihm geworden, und die aus unterschiedlichsten Schichten und Couleurs zusammengesetzte Runde amüsiert sich mit ihm.

Zwischen Etikette und Bescheidenheit

Daß in Österreich, insbesondere in Wien, besonders strenge und besonders formelle Umgangsformen herrschen, daß sich die alte Hofetikette erhalten habe, ist wie jede einfache Wahrheit über diese Stadt der vielen Gesichter falsch. Kaiser Franz Joseph hat das Hofzeremoniell, soweit es samt dem dazugehörigen Prunk der Fortdauer des monarchischen Prinzips diente, peinlich genau genommen. Was seine eigene Person betraf, hatte der Kaiser wie schon sein Großvater Franz I. hingegen keine Freude an Luxus und strenger Etikette. Saß er nicht mit seinen Ministern und Beratern zu Tisch, so ließ er sich ganz formlos von seinem

Kammerdiener ein Tablett mit einfachen Speisen ins Arbeitszimmer bringen. Er war volksnah, liebte seine Bad Ischler Villa mehr als die Hofburg und das Schloß Schönbrunn und schlief in einfachen Eisenbetten. Die barocke Kaiserin Maria Theresia hatte die Etikette auf ihre Weise lax gehandhabt. Statt, wie es damals noch üblich war, als Herrscherin auf erhöhtem Podest zu speisen, ließ sie alle Tische auf das gleiche Niveau setzen und zu einer langen Tafel verbinden. Fürst Johann Josef Khevenhüller, Obersthofmeister unter Maria Theresia, verstand die Welt nicht mehr. All dies geschehe nur, »weillen I.Kö.H. [oheit] kein gecröntes Haubt seind«. Römisch-deutscher Kaiser war damals nämlich ihr Mann, Franz Stephan von Lothringen, sie aber regierte die habsburgischen Länder. Doch auch Franz Stephan war leger. Als er in der Hofoper von der Geburt seinen Sohnes, des späteren Josephs II., erfuhr, soll er aus der kaiserlichen Loge ins Publikum gerufen haben: »Einen Buam hama.«

Dieser Gegensatz zwischen jahrhundertealter höfischer Prunkentfaltung und einem katholisch begründeten Hang zu Einfachheit und Bescheidenheit hat dezidierte Umgangsformen und ein präzises Gefühl für guten Stil hinterlassen. Wobei das, was wirklich gutes Benehmen ausmacht, oft nicht auf den ersten Blick sichtbar ist und sich vielmehr dort entfaltet, wo man es nicht annehmen würde. Österreich ist ein so kleines Land, daß es meist mit minimalen äußerlichen Regeln auskommt. Jeder kennt jeden. Es wäre geradezu lächerlich, die eigene Position in die Welt herauszuposaunen, wo die anderen in der Regel nicht nur bestens Bescheid wissen, sondern auch genau wissen, wie derjenige zu seiner Position gekommen ist. In dieser Hinsicht übt sich auch ein Wiener Gentleman im britischen Understatement, mit dem Unterschied, daß ein österreichischer Graf zum Beispiel sein Understatement wirklich ernst meint, seine

Bescheidenheit aus Überzeugung und meistens auch aus materieller Notwendigkeit zum Maß aller Dinge erhoben hat.

Sie werden einwenden: Aber ist man hierzulande nicht titelsüchtiger als sonstwo auf der Welt? Nennt sich in Österreich nicht jeder »Doktor«, lassen sich Gymnasiallehrer nicht gerne mit »Professor« anreden, und ist nicht etwa das höchste Glück für Skifahrer und Stars aller Art die Verleihung der Ehrenprofessorenwürde? Und dann erst die absonderlichen Bezeichnungen des beruflichen Ranges! In diesem Land gibt es Veterinärräte und Oberveterinärräte, Forst- und Bauräte und als Auszeichnung für besondere berufliche Leistungen den Hofrat, den Wirklichen Hofrat, den Ökonomierat und Kommerzialrat und den alten Titel des Geheimrates, der, wie auch der Hofrat, früher an hochrangige Würdenträger bei Hofe vergeben wurde. All dies gibt es, werden Sie berechtigt einwenden, und Sie, liebe Autorin wollen mir, dem Leser, erklären, daß der Österreicher auf gesellschaftliche Hierarchien keinen Wert legt? Sogar die Mitglieder ehemaliger adeliger Familien werden von der älteren Generation immer noch mit Titel angesprochen, obwohl Titel und Adelsstand seit 1919 abgeschafft sind. Auch Sie werden im Zweifel gut daran tun, vorsorglich jeden, dem sie eine höhere Bildung zutrauen mit »Herr oder Frau Doktor« beziehungsweise »Doktor Meier« etc. anzusprechen, um Ihr Gegenüber nicht zu beleidigen. Ich würde mich hüten, behaupten zu wollen, die Wiener Gesellschaft sei nicht auf Hierarchien bedacht, hätte nicht diesen Hang zum Antirepublikanisch-Autoritären und damit eben auch zum »Buckeln« gegenüber Vorgesetzten, in ihrem Rang vermeintlich höhergestellten Personen. Deshalb wird ja auch so gerne im Windschatten der Öffentlichkeit »gemotschkert« (geklagt), gestänkert und kritisiert.

Nehmen wir die Architekten der Stadt und ein beliebiges Stadtentwicklungsprojekt: Alle regen sich unheimlich auf, worauf das Architekturzentrum eine Podiumsdiskussion zum Thema veranstaltet. Noch am Abend davor versichern alle, daß sie kommen, zur öffentlichen Diskussion aber erscheint dann außer dem Veranstalter, dem Moderator und dem Architekturkritiker niemand. Deshalb spricht man in dieser Stadt auch gerne hinter dem Rücken von jemandem und schmiert ihm von Angesicht zu Angesicht höflich und nach allen Anstandsregeln Honig um den Mund. Die Grußformeln »Habedieehre« (oft auch verkürzt als »dere«) oder »Gschamsterdiener« (gehorsamster Diener) aber auch das devote, oftmals eher mißgünstig klingende »Küß die Hand« sind schon verräterisch und müßten Sie mißtrauisch machen.

Das soll gutes Benehmen sein? Diese Stadt neigt eben zu Paradoxien. Und sie hält es mit ihrem großen Philosophen Ludwig Wittgenstein, der behauptete, die Bedeutung von Begriffen entstehe immer erst im Bezug zu anderen Begriffen. Das mit den Titeln zum Beispiel. Höflich ist es, wenn Sie den Sektionschef Hans Matzinger mit »Herr Hofrat« anreden, er selbst dieses »Hofrat« aber nie im Munde führt oder es gar einklagt. Alles andere wäre patzig, unbescheiden, ja spießig. Als stilvoll, wenn auch ein wenig altmodisch, gilt auch, Visitenkarten zu verteilen und den Titel vor dem Namen durchzustreichen, wenn die Begegnung einigermaßen privater Natur ist. Das suggeriert: Für dich bin ich Sabine Soundso, nicht die Frau Doktor und auch nicht die Freifrau von. Sehen Sie nun, wie paradox es zugeht? Und wer es in dieser Stadt wirklich geschafft hat, kann sich von allen »Kari«, »Tommy« oder »Puka« nennen lassen.

Sie ahnen vielleicht, wie schnell man in Wien zum Angeber werden kann. Ein allzu schickes Outfit, ein paar laute

Sprüche, fliegende Champagnerkorken. Und doch ist die Stadt, wenn man diese Kriterien anwendet, in letzter Zeit völlig heruntergekommen, geriert sich heute wie das neureiche München, treibt in den In-Lokalen der Stadt ein Schickimicki- und Adabeitum, wie es Münchner Szeneetablissements wie dem Schumann's oder dem Café Roma gebührt. Reichtum wird plötzlich hergezeigt, die Regeln der nonchalanten Lässigkeit verblassen. Das ist schade, weil es ein bestimmendes Element der Wiener Gesellschaft war, sich zu mischen. Ob jemand Geld hat oder nicht, spielte keine Rolle, und deshalb flossen bisher alle Szenen ineinander. Schauspieler und Politiker, Künstler und Wirtschaftsbosse, Universitätsprofessoren oder Aristos, eine höchst vergnügliche Wiener Melange des Sozialen, wie man sie in Deutschland nur selten antrifft.

Bei der Auferstehung behilflich sein

Wenn Sie mit der Vorstellung nach Wien kommen, hier würden Sie mit »gnädige Frau« angesprochen oder gar mit einem Handkuß begrüßt werden, Taxifahrer würden Ihnen die Fahrzeugtür aufhalten und Herrn sich im Salon erheben, wenn eine Dame den Raum betritt, dann haben Sie wahrscheinlich zu viele Hans-Moser-Filme gesehen. Und doch gibt es noch so etwas wie die alte Schule. Dann aber kommen die Umgangsformen nicht aufgesetzt daher, sondern einfach so, natürlich und charmant. Unlängst war ich im Theatermuseum. Ich ließ meinen Mantel in der Garderobe, und als ich nach einer Stunde wiederkam und dem Garderobier mein Ticket aushändigte, kam der freundlich-unauffällige Mann hinter seinem Garderobentisch hervor, um mir in den Mantel zu helfen. Einfach so, ganz ohne Allüre, eben weil er sich danach fühlte, weil er offenbar tatsächlich galant und liebenswürdig war. So eine Art gutes Benehmen können Sie in Wien durchaus antreffen.

Eine Tante von mir kam kurz nach dem Krieg nach Wien zurück. Sie ging durch die Kärntner Straße, als ein junger Mann auf sie zukam, sie herzlich umarmte und erleichtert sagte: »Wie schön, daß wir uns endlich wiedersehen.« Meine Tante erkannte den gutaussehenden Herrn nicht und erzählte, daß sie ja auch lange nicht in Wien gewesen sei, den Krieg über auf dem Land ausgeharrt habe, ja, kurz davor auch noch geheiratet und sich bald wieder habe scheiden lassen ... Der Mann ergriff freundschaftlich ihren Arm und führte sie ins Kaffeehaus. »Statt hier auf der Straße weiterzureden, können wir doch einen Kaffee trinken gehen, nicht wahr?« Als meiner Tante bei einer Melange immer noch nicht einfiel, wer der Herr denn sein könnte, der sie zu Kaffee und Kuchen einlud, sagte sie: »Mir ist es schrecklich peinlich, aber sagen Sie doch, woher kennen wir uns?« Daraufhin erklärte der charmante Herr, gar nicht peinlich berührt oder irgendwie verschüchtert: »Gar nicht.« Wie er dann dazu käme, sie mitten auf der Straße wie eine alte Freundin zu umarmen, wollte meine konsternierte Tante wissen. »Ach, das ist einfach: weil Sie mir so gut gefallen.« Das ist Wiener Charme. Der Mann, so stellte sich heraus, war der damalige Besitzer des Nobelrestaurants Zu den drei Husaren.

Und damit Sie verstehen, was in Wien als wirklich vornehm gilt, muß ich Ihnen noch eine weitere Anekdote erzählen. Ein verarmter Adeliger, dessen Familie in Böhmen nach der Machtergreifung durch die Kommunisten alles verloren hatte und der nun in Wien äußerst bescheiden lebte und studierte, wurde eines Tages von seinem sagenhaft reichen Onkel adoptiert. Er tauschte seine Studentenbude gegen eine Flucht von Gemächern seines nunmehrigen Stadtpalais samt dazugehöriger Dienerschaft und dem vom Onkel eingeführten Lebensstil. Also lud er seinen besten

Freund nun zum Abendessen zu sich nach Hause, anstatt wie früher mit ihm in einem billigen Beisl über die Welt und die Damen zu sprechen. Der Freund war sehr angetan, er freute sich, ins Palais eingeladen zu sein. Selbstverständlich wurde das Abendessen serviert. Ein älterer livrierter Diener deckte auf und ab, doch bei jedem Handgriff zitterte er, und einmal bewegte er sich so ungeschickt, daß er um ein Haar den guten Braten auf den Schoß des Hausherrn serviert hätte statt auf dessen Teller. Auf die Frage des Freundes, warum er sich, wo er nun alles Geld in der Welt besitze, keinen besseren Diener leistete, antwortete der Hausherr beim anschließenden Cognac im Salon, dieser Diener sei schließlich schon seit zwanzig Jahren in der Familie, er würde in allen anderen Bereichen des Hauses und des Betriebes nicht mehr arbeiten können, und darum habe er, der Hausherr, es für das beste gehalten, ihn zu seinem persönlichen Butler zu machen. So einfach ist das. Eine Szene, die sich eigentlich schon bei Friedrich Torberg zugetragen hatte. In der *Tante Jolesch* erzählt der Schriftsteller von Andulka, der Kammerfrau der Fürstin Sch., die wie das Fürstenhaus aus Böhmen stammte und »in jahrzehntelangem Dienst zu einem Mitglied des Hausstandes« geworden war. Als sie alt und krank und dem Tode nahe war, sagte sie verzweifelt zur nicht viel jüngeren Fürstin, die täglich an ihrem Bette saß. »Jetzt muß ich Durchlaucht bald verlassen ... wo doch Durchlaucht so an mich gewöhnt sind ... und jetzt bleiben ganz allein zurück ... gnädigste Durchlaucht. Gemahl sind tot, Gott hab ihn selig ... und die Kinder sind anderswo ... wie soll das werden, wie soll das werden ...« Bekanntlich half der treuen Kammerzofe kein Zuspruch, war kein Trost für sie zu finden. Sie konnte sich einfach nicht damit abfinden, daß sie ihrer Fürstin nun nicht mehr zur Seite stehen würde. Doch »plötzlich – ganz kurz bevor sie diese Welt verließ«, schreibt Torberg, »ging ein Leuchten über ihr Gesicht: ›Aber vielleicht kann ich Durchlaucht bei Auferstehung behilflich sein‹, flüsterte sie. Es ist eine schöne, eine redlich rührende Geschichte«, schließt der Schriftsteller. »Und das Schönste daran: daß sie beide, Fürstin und Kammerfrau, von ganzem Herzen an diese Möglichkeit glaubten.«

Das rote Wien

Imposant thronen Wiens vier Gasometer über der urbanen Wüste von Simmering. Weithin sichtbar, ihrer Größe wegen: vier runde, überdimensional breite Türme, neoromanisch verkleidete Symbole der Gründerzeit und des aufkommenden Industriezeitalters. Ein roter Öltanker im Meer der Zinskasernen, Lagerhallen und Industriebetriebe. Gebaut im Windsor-Stil, mit Zinnen und doppelten Bogenfenstern, großen Portalen, Simsen und Rosetten aus Sichtziegelmauerwerk. Wiens Gasometer sind ein Industriedenkmal ersten Ranges. Jahrelang zerbrachen sich Politiker und Städteplaner deshalb den Kopf über ein passendes Nutzungskonzept für die denkmalgeschützten Kolosse, und die Architekten ließen sich von der komplizierten Herausforderung, Neues aus dem Alten zu fabrizieren, zu immer neuen Plänen inspirieren.

In den neunziger Jahren des 20. Jahrhunderts waren die Gasometer aber auch Projektionsflächen für monumentale Träume ganz anderer Art. Nachts verwandelten sie sich in dunkle Tanzpaläste für Rave- und Technofans. Dann konnte man in der Simmeringer Haide Szenen wie aus Fritz Langs Film *Metropolis* erleben. Die dicken bunten Strahlen der Lichtorgeln tanzten die 75 Meter hohen Backsteinwände hinauf, dröhnende Akustik pulsierte durch die Nacht, Menschen, von oben klein wie Ameisen, bewegten sich auf den Schutthäufen im Inneren der baufälligen Röhren, die einst mit Leuchtgas für die Straßenlampen der Ringstraße gefüllt waren. Psychedelische Nächte. Sie waren das Beste, was die Gasometer je erlebt haben.

Dann wurde die sogenannte G-City gebaut, ein Prestigeprojekt der sozialdemokratischen Stadtregierung. Die G-City sollte den verwahrlosten Arbeiterbezirk wieder zum Leben erwecken und ein Zentrum der Stadterneuerung und der urbanen Entwicklung werden. Eine Art Karl-Marx-Hof des 21. Jahrhunderts. Nicht mehr für die Arbeiter wie das Original am anderen Ende der Stadt, in Döbling, jene 1926 vom Otto-Wagner-Schüler Karl Ehn geschaffene Ikone des roten Wiens, sondern für die Yuppiegeneration, die junge Mittelschicht, die kleinen bis mittleren Angestellten, die neue Klientel einer Sozialdemokratie im Nadelstreifenanzug. Und wie der Karl-Marx-Hof, so verkörpert auch die G-City das Wesen des »roten Wiens«. Der Wohnbau als steinerne Ideologiegeschichte einer Stadt, die, vom Intermezzo im Ständestaat und Nationalsozialismus abgesehen, seit 1919 ausschließlich sozialdemokratisch regiert wurde. Vom Karl-Marx-Hof zur G-City. Oder: Von der Partei der Gegenkultur zur Partei des Mainstream.

Wohlgemerkt – für mich sind die fertig renovierten und revitalisierten Gasometer eine Enttäuschung. Das Ende jeglicher Phantasie, jeglicher Sozialutopie vom menschlicheren Leben durch angemessenes Wohnen. Die Architekten Wilhelm Holzbauer, Coop Himmelblau und Jean Nouvel bauten 615 Wohnungen und zahlreiche Büros wie Tortenstücke in die oberen Etagen und verbanden die vier Türme im

Erdgeschoß zu einer gigantischen Shoppingmall. Nicht, daß sich diese berühmten Architekten zu wenig angestrengt hätten. Das ist es nicht. Die G-City hält genau das, was die Werbeprospekte versprechen. Es ist »eine Stadt in der Stadt, zugeschnitten auf die Bedürfnisse junger, dynamischer Menschen«. Genau das aber ist im Fall der revitalisierten Gasometer auch das Problem. Was für eine Anmaßung! Eingezwängt zwischen Billigläden, der Eisdielenkette Bortolotti und der Pizzeria San Marco, schlendere ich durch die Mall, bis ich mich schließlich im Internetcafé in eine bessere Welt »beame«. Hier gibt es kein Entkommen. Sie werden selbst erleben, was es bedeutet, auf einen mediokren Konsumbürger der globalisierten Warenwelt zurechtgestutzt zu werden. Man wird an den alten Orwell erinnert. Nur auf den Brükken, die einen Turm mit dem nächsten verbinden, schauen Sie durch riesenhafte Glasfenster, die sich nicht öffnen lassen, nach draußen in die Simmeringer Haide. Und wenn Sie auch nur einen Funken Freiheitsdrang in sich tragen, werden Sie nun das Weite suchen. Draußen werden Sie dankbar durch die eintönigen Straßen von Simmering spazieren, Verweilplätze unter Bäumen finden, Ihre Augen an den geschäftslosen grauen Fassaden der alten Zinshäuser ausruhen und das Gefühl haben, soeben vom Gefängnis in die Freiheit gelangt zu sein.

Ich empfehle Ihnen einen Abstecher nach Favoriten zum Beispiel, dem bevölkerungsreichsten Arbeiterbezirk Wiens, der im 19. Jahrhundert plötzlich, mit einem »Hieb« von den Innenbezirken abgetrennt wurde, wodurch der urwienerische Ausdruck »Hieb« für Bezirk entstand. Im Jahr 1888 schrieb Victor Adler, der Mitbegründer der »Sozialdemokratischen Partei« seine berühmte Reportageserie über das erbärmliche Leben der »Ziegelböhm«, jener Einwanderer, vornehmlich aus Böhmen und Mähren, die in den Wienerberger Ziegelwerken ausgebeutet wurden. Und zwar gleich doppelt: erstens durch die niedrigen Löhne und zweitens, weil sie gezwungen wurden, in den notdürftigen Werkswohnungen am Fuße des Wienerbergs in Favoriten zu hausen und in der überteuerten Werkskantine zu essen. Adlers aufrüttelnder Bericht hatte Folgen. Einige Jahre später formierte sich der Widerstand, und die Ziegelarbeiter streikten erstmals und mit Erfolg gegen die Ziegelbarone. Das war zu einer Zeit, als Favoriten wie auch alle anderen Arbeiterbezirke jenseits des Gürtels »mit keinem anderen Reichthum als dem an Kindern versehen« waren. »Karawanen von Tagarbeitern und Handwerkern« zogen am Abend hinaus in die Welt der Vorstädte. »In der Nähe der Linie [des heutigen Gürtels] kommen ihnen häufig ihre Weiber, jedes eine kleine Schar Kinder führend, das jüngste auf dem Arme, entgegen. Die Toilette der ganzen Familie präsentiert sich zumeist als ein Mosaikbild von Flicken, das gar nicht danach angethan scheint, den Unbilden des Frostes Widerstand zu leisten ... Bei einigen Heimkehrenden besorgen die Empfangsvisite die Kinder allein, weil die Mutter noch ›im Waschen‹ oder ›im Bedienen‹ ist«, beschrieb ein Wiener Feuilletonist das Leben in den Wiener Arbeiterbezirken um die Jahrhundertwende.

Ein Teil der Frühgeschichte der Wiener Sozialdemokratie ist im Favoritener Arbeiterheim in der Laxenburgerstraße in einer Ausstellung dokumentiert. Das geschichtsträchtige Haus wäre in den siebziger Jahren beinahe demoliert worden. Ein – wie könnte es anders sein – Einkaufszentrum sollte an seine Stelle treten. Und das in dem Haus, in dem der 1918 verstorbene Victor Adler aufgebahrt worden war. In der Nazizeit Kreisleitungshaus und bis 1952 Bezirkskommandantur der sowjetischen Besatzungsmacht, erlebte das legendäre Arbeiterheim nach 1945 zwar nie mehr so glanzvolle Zeiten wie damals im »roten Wien« der zwanziger Jahre, aber es deshalb in Vergessenheit geraten zu lassen, war der Parteijugend dann doch zu ignorant.

Ähnlich mit der Geschichte und Kultur des »roten Wiens« verbunden ist der 16. »Hieb«: das heutige Ottakring. Im Verlauf des 18. Jahrhunderts hatte es sich zu »des Heiligen Römischen Reiches größtem Wirtshaus« entwickelt. Zwei Drittel der Häuser im damals Neulerchenfeld genannten Vorort besaßen eine Gasthauskonzession. Die Ottakringer Beisln sind bis heute eine Welt für sich, und die Heurigenlokale, die sich am Rand des Bezirks hinaus ins Liebhartstal und auf den Gallitzinberg entlang der Straße reihen, sind im Gegensatz zu den Grinzinger Touristenschenken tatsächlich immer noch das urtümliche Vorbild für den Wiener Mythos von Wein, Weib und Gesang. Die Heurigen, benannt nach dem jungen Wein der letzten Ernte, der im Frühjahr aus dem Faß kommt und direkt von den Winzern in den Buschenschänken angeboten wird, bis er am 11. November, dem Martinitag, zu »altem« Wein wird, entstanden durch ein josephinisches Dekret, das den Weinbauern erlaubte, während bestimmter Zeiten ihre Eigenbauweine auszuschenken.

Ottakring war schon immer ein Gastarbeiterbezirk. Dabei waren fünfzig Prozent der Bewohner keine gebürtigen Wiener. Ende des 19. Jahrhunderts war ein Viertel der Ottakringer Tschechen. Ihr kultureller Einfluß hat sich im hiesigen Dialekt niedergeschlagen, dem Ottakringerisch, jenem »Urschleim« der Wiener Sprache, wie der Schriftsteller Heimito von Doderer den Akzent hier bezeichnete. Gemeinsam mit dem berühmten Meidlinger »L«, das ganz tschechisch als »Dl« ausgesprochen wird, ist durch die Ottakringer und die Favoritener Sprachfärbung jenes Idiom entstanden, das Außenstehende wie Sie und ich kaum noch verstehen. In diesem Bezirk regte sich auch schon früh ein selbstbewußter Widerstand der Arbeiter gegen Ausbeutung und soziale Mißstände. 1792 begann in Ottakring der Aufstand der Textilarbeiter, und in der Revolution von 1848 konnten sich die Revolutionäre sechs Tage lang gegen das Militär behaupten. Ein bißchen von dem Flair einstiger Tage spüren Sie im Zentrum von Ottakring, dort wo es nach Malz von der Ottakringer Brauerei riecht, im Gasthaus Zum Finken, einem der ältesten Beisln des Bezirks, und in so mancher verträumten Ecke der kleinen Querstraßen. Auch hier wird revitalisiert, aber behutsamer. Ein paar schicke und teure Wohnungen entstanden zwischen den billigen Studentenbuden und dem Gemeindebau für die sozial benachteiligten Ottakringer Bürger. Seit kurzem können Gemeindebauwohnungen auch auf die Kinder übertragen werden, statt jeweils neu beantragt werden zu müssen. Eine Art sozialdemokratisches Erbrecht ist dadurch entstanden.

Burgen des Volkes

Nördlich von Ottakring, im bürgerlichen Villenbezirk Döbling, befindet sich schließlich die Ikone des »roten Wiens«, der Karl-Marx-Hof mit seiner monumentalen rotbeigen Fassade, den großen flachen Rundbögen als Eingänge in die Innenhöfe und den in regelmäßigen Abständen aufragenden Türmen, die den Festungscharakter der Anlage unterstreichen sollen. »Früher wurden Schlösser und Burgen gebaut, für die Unterdrücker des Volkes, es waren Adels- und Ritterburgen; heute entstehen Burgen des Volkes, auch das ist ein Zeichen der Demokratie, ein Zeichen des Erwachens«, schmetterte ein selbstbewußter Redner bei der Einweihung der weit über tausend Wohnungen stolz. Seit die Sozialdemokraten zu Beginn der Republik Österreich bei den Gemeinderatswahlen im Mai 1919 mit 100 von 165 Sitzen im Gemeinderat einen beispiellosen Sieg errangen, ist Wien die Hochburg der Sozialisten. Als Auftakt der neuen Ära lassen die Bürgermeister Jakob Reumann und später Karl Seitz zwischen 1919 und 1934 67 000 Wohnungen für 200 000 Menschen bauen. Es ist eines der größten Sozialwohnbauprogramme der damaligen Zeit, ein Prestigeprojekt, das in anderen europäischen Metropolen seinesgleichen sucht. Für die Christlichsozialen sind die Wohnburgen hingegen ein rotes Tuch, greifbares Zeichen der kollektivistischen Ideologie des Sozialismus. Mehr als an allen anderen ideologischen Gegensätzen entzündet sich an der Wohnbaupolitik der erbitterte Streit der beiden Lager. Ein unversöhnlicher Graben spaltet die Gesellschaft und führt sie 1934 in den Bürgerkrieg.

In Wahrheit ist der soziale Wohnbau der zwanziger Jahre viel mehr als ein entschiedener Sieg gegen die Wohnungsnot. Die 38 Quadratmeter großen Appartements mit Vorraum, Wohnzimmer, Küche und Toilette sind purer Luxus verglichen mit den »Bassena«-Wohnungen in den alten Zinshäusern der Gründerzeit. Sie waren ohne Wasser und Klo, die »Bassena« – eine Wasserstelle für alle – befand sich am Gang. Aber es ging den sozialistischen Städtebauern eben nicht nur ums Wohnen, sondern um ein umfassendes Sozialkonzept. Krippen und Kindergärten, Badeanlagen und Jugendheime, Bibliotheken und Postämter, Apotheken und Geschäfte, Mütterberatungsstellen und natürlich das Parteilokal befinden sich innerhalb der weitläufigen Wohnblöcke, durch die grünen Innenhöfe wird die Lebensqualität noch einmal entschieden gehoben. Kein Wunder, daß sie zu Hochburgen der Arbeiterbewegung werden und in den Februarkämpfen von 1934 zum Schauplatz der Auseinandersetzungen avancieren. Den bald unterlegenen Arbeitern ging es zuletzt nur noch um die Rettung ihrer Ehre und die Verteidigung der großen Wohnbauanlagen, die zum Symbol der Arbeiterkultur geworden waren. Nach dreitägigen Kämpfen fiel schließlich auch der Karl-Marx-Hof. Im Anschluß daran wird die Sozialdemokratische Partei verboten. Mit dem »roten Wiens« ist es vorerst einmal vorbei. Doch nach dem Krieg kehren die »Roten« in die Stadt zurück. Von der großen Arbeiterkultur des »roten Wiens« und ihrem Versuch, ein ganzes Netz gegenkultureller Einrichtungen zu knüpfen, blieb in den achtziger Jahren nur noch die mittlerweile verkaufte Warenhauskette Konsum übrig. Das Wohnen verwandelte sich von einer öffentlichen Angelegenheit wieder schrittweise in eine Ware.

1996 verlieren die Sozialdemokraten bei den Gemeinderatswahlen zum ersten Mal die absolute Mehrheit. Schon zwei Jahre zuvor hatten sie bei den Parlamentswahlen ausgerechnet in den klassischen Arbeiterbezirken viele Stimmen an die Freiheitliche Partei von Jörg Haider verloren. Ja, die Haiderpartei gerierte sich gar als die neue Arbeiterpartei, die die »Überfremdungsängste« der kleinen Leute durch die Zuwanderer ernst zu nehmen und den Graben zwischen der sozialistischen Basis und der durch die Regierungsmacht abgekoppelten Parteispitze auszufüllen versprach. Und wieder ist die Architektur Symbol für Aufstieg, Verfall und Niedergang. Nicht nur Demonstration der Macht, sondern auch Semantik des Zeitgeistes.

An einem verregneten Spätwinterwochenende riefen die Floridsdorfer Sozialdemokraten ihre Funktionäre im Gewerkschaftsheim am Attersee im Salzkammergut zu einer Klausurtagung zusammen. Das verheerende Wahlergebnis, Anlaß zu großer Sorge, sollte analysiert werden. Eine freundliche Schar engagierter Lokalpolitiker in Trainingsanzügen, ganz im Look der siebziger Jahre, vom Flair langjähriger Basisarbeit umflutet, versuchte zu verstehen, wieso sie für die jungen Menschen in ihrem Arbeiterbezirk unattraktiv geworden waren. Sie hatten einen der Partei nahestehenden Wirtschaftsboß eingeladen, jemanden mit der Fähigkeit, in unterschiedlichen Welten zu Hause zu sein. Die Genossen versprachen sich von dieser Mischung einen Blick über den Tellerrand. Der spätere Innen- und Wissenschaftsminister Caspar Einem, selbst aus dem Großbürgermilieu Wiens, legte den Finger in die Wunden: Unglaubwürdigkeit, Verbürgerlichung, der Verrat linker Werte seien der Grund für die Wahlniederlage. Wo seien die Grundfesten der Arbeiterbewegung geblieben, die soziale Gerechtigkeit und das Einstehen für sozial Schwache? fragte der Redner ernst. Ein wenig später stand eine verunsicherte Gruppe von Menschen verloren auf der prächtigen Terrasse des noch zu besseren Zeiten entstandenen Gewerkschaftsheims mit Blick auf den See. Schräg gegenüber auf einer Halbinsel befand sich ein anderes steinernes Zeichen für Aufstieg und Verfall. Die Ruine des Wasserschlosses Kammer, eines mittelalterlichen Ansitzes. Erst vor kurzem bekam das Schloß einen neuen Besitzer, der das kaputte Gebäude renovierte und vor dem Totalverfall bewahrte.

Auch in Wien wendete sich das Blatt noch einmal. 2001 konnten die Sozialdemokraten unter Bürgermeister Michael Häupl die absolute Mehrheit zurückerobern. Ein Wiederauferstehen des »roten Wiens« als Antipode zum blauschwarz regierten Land, der aufgeklärte Liberalismus gewann gegen die konservativ-autoritären Strukturen. Ein hinlänglich bekannter Gegensatz. Häupl gewann die Wahl mit engagierten Versprechen, etwa daß es in Wien weder Fremdenhaß noch Antisemitismus geben werde. Gegen den würdigen und ebenfalls charismatischen Nachfolger des großen Wiener Stadtvaters Helmut Zilk hatte sogar Jörg Haider keine Chance. Vierzehn Tage vor der Wahl meinte er, seinen Parteigenossen in der Hauptstadt zu Hilfe eilen zu müssen. Vor allem aber fand sich die Stadt in einer plötzlichen Welle der Gegenkultur wieder, wie sie es seit den zwanziger Jahren nicht mehr erlebt hatte. Informelle Wählergemeinschaften entstanden, keine Spur von Politikverdrossenheit war zu spüren, dafür euphorischer Aktionismus. Der Besitzer eines bekannten italienischen Restaurants im 3. Bezirk, der Ostaria Venexiana, verschickte vor der Wahl Postkarten an Tausende Bekannte und Kunden: »Liebe Freunde, damit unser Wien weiterhin so lebenswert bleibt, laden wir Euch ein, Michael Häupl zu wählen. Das wichtigste aber: Geht wählen!« Pablo Meier Schomburg, der Besitzer, freut sich heute wieder, Wiener zu sein. Er habe ein Zeichen setzen wollen, nicht unbedingt für eine Partei, aber doch für eine Stadtregierung, die ihre Arbeit hervorragend macht. Damit hat der Gastwirt den Nagel auf den Kopf getroffen. Wien ist eine glänzend verwaltete Stadt. Die Mieten erreichen nicht annähernd das Niveau vergleichbarer Metropolen, die Preise in den Restaurants und, noch viel wichtiger, in den gutbürgerlichen Wirtshäusern der Stadt sind moderat, und jeder kann sich Tickets für kulturelle Veranstaltungen leisten. In punkto Lebensqualität ist Wien ein Schlaraffenland. Die Gründe dafür liegen in einer Politik begründet, die der Architekturkritiker Dietmar Steiner zu Recht als sozialistischen Paternalismus bezeichnet hat: Es gibt sozial ausgleichende Miet- und Wohnbauförderungsgesetze, eine in den meisten Fällen kluge Revitalisierung und Stadterneuerung und eine fortschrittliche Kulturpolitik. Dazu gesellt sich noch das unverzichtbare, bürgernahe Auftreten des Stadtvaters, dem »ersten Fiaker Wiens«, wie er genannt wird, der seinen Wienern stets das Gefühl gibt, um ihre Sorgen zu wissen und wienerische Lösungen dafür parat zu haben.

»Das eigentliche Problem Wiens ist seine hohe Lebensqualität«, kritisiert Dietmar Steiner eine gewisse träge Zufriedenheit in der Stadt. Die Drogenszene beschränkt sich auf ein paar Süchtige im Stadtpark, die Kriminalität ist nur noch in Wanne-Eikel höher. Nur in Wien, so Steiner, könne man eine Kolumne wie die im Vereinsblatt des Wiener Bürgerservice lesen, wo einmal euphorisch darüber berichtet wurde, daß einem Pensionisten erfolgreich geholfen werden konnte. Er hatte sich über einen Baum beschwert, dessen Ast im Wind gegen die Straßenlaterne schlug und ein Geräusch erzeugte, bei dem der brave Bürger nicht schlafen konnte. Innerhalb von vierundzwanzig Stunden, berichtete stolz das Blatt, konnte die Straßenlaterne neu befestigt und der Baum beschnitten werden. Der Pensionist schläft nun wieder gut, einmal mehr davon überzeugt, daß er auf einer Insel der Seligen seine Heimstatt habe. Mit der Wahl 2001 ist der Mythos vom »roten Wien« wiedererwacht, wie ein Nostalgietrip, der von der harten, unbarmherzigen, globalen Marktwirtschaft weg- und zu den alten sozialistischen Werten zurückführt, 2005 wurde Häupl wiedergewählt.

Die Gänsehäufl-Aristokratie

Als Ausdruck dieser Gegenkultur pilgert man heute ehrfürchtiger denn je ins berühmte Volksbad Gänsehäufl. Für drei Euro kann man hier einen ganzen Tag im Strandbad liegen und sich in gute alte Zeiten zurückträumen. Die eingeschworene Gänsehäufl-Gemeinde, eine Mischung aus selbstbewußtem Kleinbürgertum und Leuten, die das hier so kultig finden, daß sie das 1907 eröffnete Freibad am liebsten vor jeglicher Berichterstattung schützen würden, ist eine Welt für sich, so wienerisch wie altmodisch, so verheißungsvoll urig wie phantastisch.

Man sieht ihn schon von weitem, wie er unter den hohen Pappeln am Parkplatz vor dem Eingang zum Bad steht: graumeliertes, schulterlanges Haar, das bei jedem Schritt mitwippt wie ein locker am Kopf befestigter Teppich. Große Badetasche, Sonnenhut. »Des gibt's jo net, hearst, laung homma uns ned g'sehn«, ruft er schon von weitem. Der Mann ist der legendäre Schoko-Franz, der Besitzer des Lokals, zu dem nur wenige Eingeweihte einen der begehrten Schlüssel besaßen. Jetzt arbeitet er als Beleuchter am Theater in der Josefstadt. Er hat Urlaub, und den wird er, wie fast jedes Jahr, im Gänsehäufl zubringen. »I hob do a Appartemau«, erzählt er stolz. Eine Kabine mit Sonnenschirm und Liegestuhl meint er, nicht etwa »nur a Kastl« wie »des gemeine Volk«. Er gehört zur Gänsehäufl-Aristokratie. Zwei weitere Vertreter dieser Bevölkerungsschicht haben Klappsessel, Tischchen und Sonnenschirm auf den engen Balkon vor ihrer Kabine gezwängt und spielen Karten. Den ganzen Tag wohl schon, unterbrochen bloß vom wandernden Schatten ihres Schirmes und einer lästigen Fliege, die sich abwechselnd auf ihrer, dann wieder auf seiner Nase niederläßt. Nichts an diesem Ort stört die Fünfziger-Jahre-Idylle, nichts wurde seither an dem nach dem Krieg wiederaufgebauten Strandbad getan. Es wurde nicht der Charme der Umkleidebaracken verändert, nicht der realsozialistische Eingangsbereich umgestaltet, nichts revitalisiert, erneuert oder behübscht. Als ob man hier wüßte, wie sehr Shopping-Arkaden und Lokale die nostalgische Ästhetik eines Ortes zerstören, pflegt man im Gänsehaufl einen museumsreifen Retro-Stil. Selbst der Imbißstand, mit Resopaltischen und Bierbänken davor, sieht so aus, als wären nicht nur die Einrichtung und das Personal, sondern auch die Gerichte immer schon dagewesen. Sie können hier wahrscheinlich so was wie ein Kracherl (Limonade), Sportgummi, Rumkugeln von Casali oder Stollwerk von Manner (Karamelbonbon) bekommen. Das Gänsehäufl ist ein Schonraum, ein Biotop, ein nostalgischer Verweis auf eine Zeit, als das alte »rote Wien« noch das Leben bestimmte.

Der Prater und das jüdische Wien

Wie oft bin ich durch die Czerningasse gefahren, verärgert über den Verkehr auf der Praterstraße, fluchend mir einen Weg bahnend zwischen der Innenstadt und dem Prater, dem Naherholungsgebiet der Wiener, dieser Mischung aus Park- und Auenland, Pferderennbahn und Vergnügungsmeile. Meistens wollte ich nicht zum Riesenrad, Wiens zweitem Wahrzeichen, sondern zum Lusthaus, dem zierlichen achteckigen Barockpavillon am Ende der Praterhauptallee. Einst diente das Schlößchen festlichen Zwecken bei den kaiserlichen Jagden, heute ist es ein gernbesuchtes Café-Restaurant mit gehobener Küche. Nicht, daß ich den Wurstelprater immer gemieden hätte, diesem im Vergleich zum Münchner Oktoberfest kleinen, das ganze Jahr über geöffneten und stellenweise immer noch romantischen Vergnügungspark, oder daß ich nie Riesenrad gefahren wäre. Aber alles zu seiner Zeit, und damals zog mich das Rollerbladen in den Prater, ein Rendezvous ins schicke Lusthaus oder schräg vis-à-vis ins traditionellere Alte Jägerhaus.

Heute freilich würde ich mit meiner Tochter im Wurstelprater mit einem von diesen unserer Zeit und deren Geschwindigkeit angepaßten Ringelspielen fahren und mich daran erinnern, daß mir auf diesen Geräten auch früher schon speiübel geworden ist, daß ich beim Autodromfahren immer das Gefühl hatte, gleich würde mein Rückgrat entzweibrechen, daß ich bei den Schießständen nie etwas getroffen habe und die Angst in der Geisterbahn angesichts wichtigerer Ängste gänzlich unnötig fand. Ich kann nur Elfriede Jelineks Urteil über diesen nach dem Hanswurst benannten Vergnügungspark zustimmen. Sie hat über die »elektronisch gesteuerten Lustgeräte der vorletzten Chip-Generation«, diese durch die Luft wirbelnden, sich um die eigene wie auch die Achse des Ringelspiels drehenden fliegenden Untertassen gesagt, sie seien eigentlich für Halbwüchsige gedacht, »die sich in der Welt schon abgehärtet haben, aber noch keine Verantwortung tragen, auch für ihre Körper nicht«.

Für Helmut Qualtinger allerdings, Österreichs berühmtesten Kabarettisten, war der Prater einer der Lieblingsarbeitsplätze. Er kam nicht, um sich in die Luft schleudern oder künstlich erschrecken zu lassen. Ihm, dem großen Menschenbeobachter, reichte, was er sah, um sich zu amüsieren oder – und das freilich öfter – an seinen Wienern zu leiden. Der Fotograf Franz Hubmann, selbst ein sensibler und gescheiter Menschenbeobachter, ist in den sechziger Jahren oft mit Qualtinger bis spät nachts durch den Prater spaziert. »Hier waren Typen jeder Art zu sehen. Ich konnte nur immer wieder staunen, wie er [Qualtinger] jede und jeden durchschaute, an kleinen Gebärden und Äußerungen ihr Wesen und selbst ihre Sprache erkannte.«

Seit Joseph II. das kaiserliche Jagdrevier 1767 »seinen« Wienern geöffnet hatte, entwickelte sich der Prater zu einem seltsamen Kunterbunt vielschichtigen Lebens, zu einem Ort der Widersprüche, Gegensätze und doppelten Gesichter. Bis heute ist das so geblieben. Nirgendwo in

Wien zeigt das süße Leben so beängstigend auch seine Fratze wie hier und in der angrenzenden Leopoldstadt, dem zweiten Wiener Gemeindebezirk. Die Neoschickeria beim Joggen untertags und die blutjungen Mädchen vom Babystrich in der Nacht unter den Kastanienbäumen des Praters, dünn, blaß und in existentieller Not, stehen für das Doppelgesicht des Praters. Die Widersprüche des Lebens in der Leopoldstadt sind anderer Natur, doch darüber später.

Auch nach der Öffnung des Praters durch Joseph II. blieben die Hauptallee und der Konstantinhügel der Treffpunkt der sogenannten besseren Gesellschaft. Der Volksprater, Wiesen und Auen wurden mehr und mehr von den sogenannten kleinen Leuten erobert. Als sich einer der vermeintlich Vornehmen beim Kaiser über die Öffnung des Praters für das gemeine Volk mit der berechtigten Befürchtung beschwerte, nun nicht mehr unter seinesgleichen lustwandeln zu können, ja, seine Kutschenausfahrt in unmittelbarer Nähe zur Plebs abhalten zu müssen, zuckte der Volkskaiser die Achseln und antwortete seinem Untertan ganz wienerisch und lakonisch: »Mein lieber Freund! Wenn ich nur unter meinesgleichen herumwandeln wollte, dürfte ich nur in der Kapuzinergruft spazierengeh'n.« Dort nämlich liegen die Habsburger, das heißt zwölf Kaiser, sechzehn Kaiserinnen und mehr als 100 Erzherzöge, begraben. So gelassen wie Joseph II. sahen »Blaublut und Goldblut«, die großbürgerlich-aristokratische Gesellschaft des 19. Jahrhunderts, das Klassenleben naturgemäß nicht. Das verdammte sie dazu, mit ihren Zweispännern zu den Paraden des Sehens und Gesehenwerdens auf der Hauptallee zu erscheinen oder unter den großen alten Kastanien spazierenzugehen, aber keinen Schritt hinaus in den Park zu tun, dorthin wo das normale Leben pulsierte. Wie »Häftlinge im Kerkerhof« kam diese Gesellschaft Theodor Herzl, dem Begründer des Zionismus, vor, und er fragte, warum sie nicht in die wirkliche Freiheit, hinaus in die Natur gingen. »Bei den sittsamen Mädchen aus bravem und mittellosem Haus versteht man diesen trostlosen Spaziergang beinahe. Sie müssen gesehen werden, sonst käme wohl der Freier nie. Und sind sie geputzt, so wagt sich erst recht keiner an sie heran. Wer hat den Mut, so schöne Gewänder zu bezahlen? Freilich lehrt die Erfahrung, daß es auch solche Käuze gibt. Diese sieht man mit sorgendurchfurchter Stirne an der Seite ihrer siegreichen Damen einherschreiten. Darum gehen die törichten Jungfrauen, gefolgt von ihren beklommenen Eltern, auf und ab, auf und ab. Bis es finster wird und man die Sonntagstraurigkeit wieder einmal nach Hause schleppt.«

Liebe, Lust und Leidenschaft. Selten war ihre Inszenierung so kompliziert wie zu Zeiten Johann Nestroys, dem Hausautor und Bühnenstar des ehemaligen Carltheaters auf der nahen Praterstraße. Für ein geheimes Techtelmechtel ließ er der Dame seiner Wahl einen Brief zukommen, in dem er ihr seine Absichten und einen Schlachtplan unterbreitet. »Ich wähle eine unverdächtige Stunde: halb Zwey Uhr Mittag, ich wähle einen unverdächtigen Ort, die Prater-Hauptallee. Ich werde früher schon mich unten befinden, und morgen Donnerstag Punkt halb Zwey Uhr langsam vom unteren Ende der Haupt-Allee, vom Rondeau nehmlich, nach dem oberen Ende derselben, nach dem Prater-Stern zufahren. Wenn Sie, mein Fräulein, zur selben Zeit halb Zwey Uhr vom Praterstern nach dem Rondeau hinunterfahren, so werden unsere Wagen sich begegnen. Belieben Sie, damit ich Ihren Wagen in einiger Entfernung schon erkenne, da man in Wien links fährt, am geöffneten Wagenfenster rechts, das Schnupftuch zu halten; dieses Schnupftuch wird mir zugleich das mich hochbeglückende Zeichen seyn, daß Sie, im Falle Sie mich Ihrer Gunst würdig finden, in meine oben angesprochene Ansicht über geheime Liaisons eingehen.« Unterzeichnet: »Ihr Sie hochschätzender eifriger Verehrer L. B. v. R.« Nestroys unter einem Pseudonym versteckte Verehrung galt einer vornehmen Dame, deshalb war sie formal so mühsam. Aber es gab auch das freizügigere Leben, das in den Tanzetablissements, wo sich die Mädchen für fünf Kreuzer den gleichnamigen Fünf-Kreuzertanz kaufen konnten. Arthur Schnitzler hat ihn in seinem *Reigen* verewigt, und Felix Salten schrieb einfühlsam: »Für all die Einfachen und Niedrigen, die aus den bunten Provinzen des Reiches in Wien zusammenströmten, für all die Jugend, die aus Dörfern und kleinen Städten in die Großstadt zieht, um da zu arbeiten, zu dienen, zu darben und sich zu schinden, ist hier ein Trost.« Und am anderen Ende der Liebesskala hatte auch immer schon das älteste Gewerbe der Welt seine Plätze im Prater, entweder zu später Stunde im Wurstelprater oder draußen neben den Wegen und Straßen.

Ein nachblutender Witz

Doch zurück in die Czerningasse. Kein Wunder, daß ich sie nie registrierte. Sie ist unspektakulär, grau und langweilig. Nichts als eine Ausweich- und Seitenstraße, eine x-beliebige Vorstadtstraße ohne jegliches Flair. Es gibt eine Trafik (Tabakgeschäft), einen Billa (Lebensmittelkette), eine Rotlichtbar, einen Gemeindebau und eine Volksschule. Früher, so lese ich in den Bezirksannalen, hatte einer meiner Vorfahren ein Sommerpalais samt großzügigem Park in dieser Straße. Das muß im 18. Jahrhundert gewesen sein, zu jener Zeit, als die Praterstraße noch eine der vornehmsten Wohnadressen Wiens war, als es dem Adel der Stadt gefiel, am Weg zwischen Hofburg und den kaiserlichen Jagdgründen zu residieren.

Wenn Sie genauer hinsehen, werden Sie aber noch weitere Schichten des Wiener Lebens in dieser unscheinbaren Gasse entdecken. Victor Frankl, der Begründer der Existenzanalyse, wurde 1905 auf Nummer sechs geboren und hatte hier seine psychotherapeutische Praxis, bis er ins Konzentrationslager Auschwitz deportiert wurde. Er überlebte als einer der wenigen die Vernichtungsmaschinerie und hielt seine Erfahrungen in dem millionenfach verkauften Bestseller ... *Trotzdem ja zum Leben sagen* fest. Gegenüber von Frankls Geburtshaus befand sich die Praxis von Alfred Adler, dem fünfunddreißig Jahre älteren Kollegen. Mit Frankl und Freud bildete der Begründer der Individualpsychologie das Dreigestirn der Wiener Schule der Psychotherapie. Adler emigrierte 1934 nach Amerika und starb 1937 bei einer Vortragsreise in Schottland. Begonnen hatten beide ihr Leben noch in der Blütezeit des jüdischen Wiens. Im 2. Bezirk ist auch deren Ende eingraviert. Unweit von Frankls und Adlers Praxen, in der Kleinen Sperlgasse und der Castellezgasse, warteten die Wiener Juden, zusammengepfercht in Sammellagern, auf ihre Deportation. »In gewissen Gassen«, schreibt die Journalistin und Autorin Eva Menasse, »ist das heute noch zu spüren.« Leben und Tod. Doppelgesichtiges Wien.

Die Blütezeit des jüdischen Wiens beginnt 1782 mit dem Toleranzpatent Josephs II. Es berechtigte die Wiener Juden zur freien Religionsausübung. Ein halbes Jahr später folgt das Toleranzpatent für die Protestanten. 1796 werden führende jüdische Bankiers in den Adelsstand erhoben, darunter die Freiherrn von Arnstein, die Eskeles, Rothschilds und Wertheimers. Ab 1848 können Juden ihren Wohnsitz frei wählen, 1860 wird ihnen der Grunderwerb gestattet, und 1867 endlich wird in der Dezemberverfassung ihre Gleichstellung mit den übrigen Untertanen der Monarchie verankert. All dies hatte einen enormen Zuzug von Juden aus dem Osten der Monarchie zur Folge, zuerst aus Böhmen,

Mähren und Ungarn, später vor allem aus Galizien und Polen. 1848 lebten etwa 4000 Juden in der Stadt. Vierzig Jahre später ist ihr Anteil an der Wiener Bevölkerung auf zwölf Prozent gestiegen. Fast 100 000 Mitglieder zählt nun die jüdische Gemeinde, und sie wird bis zum Jahr 1910 noch auf über 175 000 anwachsen. Vergleichbar groß ist die jüdische Gemeinde in Prag. In Budapest liegt der Anteil der Juden an der Gesamtbevölkerung Anfang des 20. Jahrhunderts bei 23, in Czernowitz sind es sogar 32 Prozent. Die meisten Zuwanderer ziehen zuerst in die Leopoldstadt, das Judenviertel der kleinen Leute, den Armeleutebezirk. Um die Jahrhundertwende leben hier über die Hälfte der Wiener Juden. Die zu Wohlstand gekommenen Großbürger und Bankiers siedeln sich lieber auf der Ringstraße und im neunten Bezirk an, oder eben auf der prächtigen Praterstraße, der Wohlstandsmeile in dieser bitterlich armen Umgebung. Arthur Schnitzler wurde in der Praterstraße geboren, Theodor Herzl wohnte einige Häuser entfernt davon. Der in Galizien geborene Schriftsteller Josef Roth lebte in der Leopoldstadt, wie auch der junge Sigmund Freud oder Arnold Schönberg. Wie wichtig die Juden für das geistige und kulturelle Leben Wiens waren, läßt sich an drei simplen Zahlen noch einmal eindrücklich verdeutlichen. 1868 waren von 631 Advokaten 394 jüdischer Abstammung, ein paar Jahre später zählte man unter den Wiener Ärzten 61 Prozent Juden; ein Drittel der Studenten kam aus jüdischen Familien, während am Ende der Monarchie nur zehn Prozent der Gesamtbevölkerung Wiens jüdisch waren.

Zur gleichen Zeit gewinnt auch der Antisemitismus, kein neues Phänomen in Wien, zunehmend an Schärfe. Der rasche Zuwachs der Juden und ihre überproportionale Bedeutung für das Wiener Leben ist ein willkommener Boden für Neid und die daraus folgenden wohlbekannten antisemitischen Stereotypen. So entwickelt der Demagoge und Führer der Alldeutschen, Georg von Schönerer, seinen biologischen Rassismus. »Ob Jud', ob Christ ist einerlei, in der Rasse liegt die Schweinerei.« Und Karl Lueger, der Populist (»Wer Jude ist, bestimme ich«) reitet, als ihm klar wird, wie stark diese Gefühle in der öffentlichen Meinung auf Widerhall stoßen, auf der Welle des Antisemitismus an die Spitze der Wiener Gemeindepolitik. Als seine Partei, die Christlichsozialen, eine komfortable Zweidrittelmehrheit im Gemeinderat erreichen, fehlt nur noch die Bestätigung durch Kaiser Franz Joseph. Dieser weigert sich zuerst, muß 1897 nach weiteren Wahlsiegen Lueger den Weg in das Amt des Wiener Bürgermeisters freigeben. Das Kaiserhaus, vor allem auch Kaiserin Elisabeth und Kronprinz Rudolf, vertreten eine projüdische Haltung, und das in einer Zeit, in der der religiös begründete Judenhaß vom vermeintlich »rassischen« abgelöst wird. So stiftet Kaiserin Elisabeth 12950 Mark für die Errichtung eines Heine-Denkmals in Düsseldorf und sorgt damit für einen politischen Skandal. Sie würde das »unverfälscht germanische Wesen, die deutsche Eigenart und die deutsche Sitte untergraben«, muß sie sich von der deutschnationalen Presse vorwerfen lassen. Zur Enttäuschung ihres Sohnes Rudolf, der ebenfalls für Toleranz gegen die Juden eintritt, zieht sich Elisabeth jedoch kommentarlos aus dem Komitee der Denkmal-Förderer zurück. 1908 bis 1913 sucht der junge Adolf Hitler als verhinderter und verkorkster Künstler in Wien seine Identität und saugt begierig die Ideen Schönerers, Luegers und des ebenfalls antisemitischen Jörg Lanz von Liebenfels auf. Liebenfels hißt als erster die Hakenkreuzfahne.

Nach dem Ersten Weltkrieg nimmt die allgemeine Judenfeindlichkeit noch zu. Alle politischen Parteien, in gewisser Weise sogar die Sozialdemokraten, verwenden in ihrer Wahlpropaganda antisemitische Untertöne. Der Putschversuch der illegalen österreichischen Nationalsozialisten am

25. Juli 1934 schlägt zwar fehl und kostet den christlichsozialen Kanzler Engelbert Dollfuß das Leben, aber es ist nur der erste Akt. 1938 folgt der Anschluß Österreichs an Nazideutschland. Während des Novemberpogroms von 1938 werden 42 Synagogen und Lehrstuben in Wien zerstört, darunter der Leopoldstädter Tempel, dieses große, vom renommierten Gründerzeitarchitekten Ludwig Förster erbaute Symbol der Blütezeit des jüdischen Lebens und des wachsenden Selbstbewußtseins der Wiener Juden. Von den über 180 000 Juden der Stadt gelang etwa 120 000 die Flucht, 65 000 wurden ermordet. Über 60 000 Wohnungen wurden arisiert, ein mit mehr als zwei Milliarden Reichsmark beziffertes Vermögen beschlagnahmt.

Unter den zwei Dutzend in der Leopoldstadt versteckten Überlebenden befand sich auch ein kleiner Bub, ein Säugling noch. Von Hitler unbemerkt, schrie er sich im Herzen der Leopoldstadt der Befreiung entgegen, und zwar in der Obhut der nationalsozialistischen Volkswohlfahrt, von den findigen Kinderschwestern erfolgreich vor der Gestapo versteckt. »Da lag der schwarzhaarige, nicht gerade unbenaste Säugling inmitten der blonden Engerln in der Kinderkrippe und war halt der Franzos, dessen Zwangsarbeitereltern bei einem Bombenangriff ums Leben gekommen sind, indes seine wahren Juden- und Kommunistenkeltern nach Auschwitz abgereist wurden«, schreibt der Schriftsteller Robert Schindel über sich und sein Wien. Einen »nachblutenden Witz« nennt er die Stadt, in der sich die »Monstrosität in winzigen Witzteilchen« akkumuliert.

Etwa der Name Leopoldstadt. Ein nachblutender Witz, wenn man bedenkt, wie der Bezirk zu seinem Namen kam. 150 Jahre nach der Zerstörung der mittelalterlichen Judenstadt rund um den Judenplatz in der Wiener Innenstadt, entstand 1624 das Ghetto im Unteren Werd. So hieß damals das Gebiet außerhalb der Stadtmauern, das sich auf einer Insel befand, in der damals noch unregulierten Donau. Trotz widriger Lebensumstände wuchs das Ghetto rasch an, denn es bot Schutz vor Übergriffen sowie kulturelle und religiöse Selbstbestimmung. Doch Gerüchte über Beziehungen von Juden und Türken und der Konkurrenzneid christlicher Kaufleute ließen immer öfter den Ruf nach der Ausweisung der Juden laut werden. Auch die Inquisitionshofkommission legte ein Gutachten mit einer langen Reihe von Vorwürfen vor – angefangen von der Hostienschändung bis zur Kollaboration mit dem Feind. Als die abergläubische Gattin Kaiser Leopolds I. eine Fehlgeburt erlitt und kurz darauf die Hofburg brannte, wurde das Ghetto aufgelöst und alle Juden aus der Stadt vertrieben. Sich zu Ehren nannte der Kaiser die Gegend Leopoldstadt und legte höchstpersönlich noch im selben Jahr den Grundstein zu der von ihm gestifteten Pfarre und Kirche zu St. Leopold. Auf einer in das Fundament eingemauerten Goldmünze war zu lesen: »Nach Vertreibung der treulosen Juden hat der durchl. Kaiser Leopold die hier gestandene Synagoge gestürzt, die Räuberhöhle gereinigt zu einem Gotteshause und dieses dem hl. Leopold Markgrafen und Patron Österreichs nach katholischem Brauche weihen lassen.«

Das Böse ist wie Peter Pan

Noch einmal zurück in die Czerningasse. Direkt gegenüber von Victor Frankls ehemaligem Wohnhaus hat eine Kfz-Vergaserfirma ihren Sitz. Überall im Bezirk, oft in fragwürdiger Nähe zu jüdischen Einrichtungen und Denkmälern hat sie ihre Schilder mit der Aufschrift »Vergaser Magistris« angebracht, zwischen ein paar koscheren Lebensmittelläden vor denen kleine Jungen mit Kipa Fußball spielen, just im jüdischsten Bezirk Wiens. »Wenn i a Radio-G'schäft hätt, tät i Radio draufschreiben«, erklärt der Chef. »Aber i mach halt Vergaser. Des is olles. Vergaser und Zündungen.« Darauf angesprochen, daß sich sein Firmenschild vis-à-vis der Gedenktafel für Victor Frankl doch eigenartig ausnimmt, meint er bloß: »Unsere Firma is aber da seit 1952. Und des Schüdl da drüben so seit vier, fünf Jahr. Und is ja ned nur der Frankl. Glei links hamma en Alfred Adler. Des waß i eh. Mir ham ja an Wickl ghabt, so vor vier, fünf Jahr. Ein Jude aus Amerika kommt auf Urlaub, sieht die Schüda und hat an Wirbel gmochd. Is sogoa in da Zeitung gstandn domoes. Die Krone hat gschrieben: Die Juden regen sich auf. Wegen was eigentlich? Is jo aa richtig. Uns hat des an Haufen Geld kost domoes. Des Schüdl vom Tempel hamma owageben miassn, auf aans hama hoed draufgschrieben Vergasertechnik statt nur Vergaser.« Und dann erzählt der gelassene Wiener noch, daß sich die hiesigen Juden über seine Reklameschilder nun wirklich nicht aufregen würden, ja, daß sie zu seinen besten Kunden zählten. Atmosphärische Skurrilität oder Antisemitismus? Sprachliche Schludrigkeit oder eben doch Wiens Doppelgesichtigkeit?

Skurrilität freilich ist eine wichtige Eigenschaft der Menschen in dieser Stadt, und sie prägt neben anderen Formen des Umgangs auch die Beziehung der Wiener zu den Juden. Man brauche sich, so der 1922 in Wien geborene, vor den Nazis nach Südamerika geflüchtete Germanist Egon Schwarz, nicht zu wundern, daß diese Skurrilität auch auf die Wiener Juden abgefärbt habe. Deswegen ließe sich oft nicht sagen, ob in Wien ein Witz der Verspottung der Juden diene oder Ausdruck jüdischer Selbstverspottung sei. Etwa das Wiener G'stanzl: »Wie der Moses die Jud'n hat g'führt übers Meer, da war'n in der Leopoldstadt die Kaffeehäuser leer.« Jüdischer Witz, ohnedies berühmt, lebt hierzulande vom wienerischen Hang zur Skurrilität, zur Selbstverspottung und makabren Entlarvung des Wiener Alltagsrassismus und Antisemitismus. Ein Witz aus der Zeit vor dem Anschluß macht dies deutlich: »Ein Jude lädt den anderen zu seinem Tauffest ein, bereits dem zweiten in diesem Jahr. ›Wie kommt das‹, fragt der Besucher den Gastgeber, ›ich war doch erst neulich bei deiner Taufe?‹ – ›Ja, aber das war die protestantische.‹ ›Und warum wirst du jetzt katholisch?‹ – ›Weil die Leut' einem die Religion nicht mehr glauben und fragen, was man früher war!‹« Nach dem Anschluß wurde folgender Witz berühmt, in dem der eine Jude den anderen bei der Lektüre des antisemitischen Hetzblattes *Der Stürmer* antrifft. »›Was, bist du verrückt, du liest den Stürmer?‹ fragt der Besucher. ›Ja schau‹, antwortet der andere, ›in den anderen Zeitungen lese ich nur Deprimierendes: Juden werden aus ihren Positionen entlassen, sie dürfen nicht mehr ins Kino, nicht einmal mehr auf den Parkbänken sitzen, vor den Konsulaten bilden sich Schlangen, aber Visa gibt es nirgends mehr. Aber im *Stürmer* steht eigentlich viel Erfreuliches, zum Beispiel hier: Siebzigjähriger Jude verführt sechzehnjähriges arisches Mädchen.‹« Makabres Wien. Doch die Nazizeit hat den Antisemitismus in Wien keineswegs verschwinden lassen, latent oder vehement; er ist nach wie vor vorhanden. Egon Schwarz hat einmal zwei Frauen beim Verlassen eines Theaters belauscht. Eine Dramatisierung des Tagebuchs der Anne Frank stand auf dem Programm. Die eine sagte zur anderen: »*Die* hätten sie nicht vergasen sollen.« Kein Witz mehr, sondern Alltag. Ähnliches hat jeder in Wien oder sonstwo in Österreich schon einmal erlebt. Ich werde das Interview mit einem pensionierten burgenländischen Volksschuldirektor im Jahr 1988 nicht mehr vergessen, der mitten im Interview für den österreichischen Rundfunk plötzlich aufstand, die Hand zum Hitlergruß ausstreckte und das Horst-Wessel-Lied schmetterte. Anschließend sagte er vor dem laufenden Tonband, daß das mit den Juden im Zweiten Weltkrieg zwar etwas übertrieben gewesen, die

Roma hingegen nun wirklich zu Recht ermordet worden seien. 1988 war das. 1995 fielen im burgenländischen Oberwart vier Roma einem rassistisch motivierten Sprengstoffanschlag zum Opfer. In der Hüttensiedlung am Stadtrand waren die wenigen KZ-Überlebenden der Gegend angesiedelt worden.

Man kann aber auch nicht sagen, daß sich Österreich in den vergangenen zehn Jahren nicht mit seiner Vergangenheit beschäftigt, sich nicht dem Zeitgeist der Erinnerungs- und Gedenkkultur unterworfen hätte. Alfred Hrdlickas Mahnmal gegen Krieg und Faschismus am Albertinaplatz und Rachel Whitereads steinerne Bibliothek neben der ausgegrabenen Synagoge am Judenplatz, ein jüdisches Museum, Erinnerungsplaketten, Enqueten und die, wenn auch noch immer nicht abgeschlossene, Rückgabe der Beutekunst sind positive Signale. 2002 wurden alle ermordeten österreichischen Juden auf einer Gedenktafel im Stadttempel in der Seitenstettengasse namentlich geehrt. Trotzdem würde es nach einer Umfrage immer noch jeder siebte Österreicher vorziehen, wenn es keine Juden im Land gäbe. Und trotzdem hat es Übergriffe gegen orthodoxe Juden gegeben, die von der Leopoldstadt in die Synagoge auf dem Judenplatz gingen. In der Wahrnehmung der Österreicher ist der Prozentsatz der Juden an der Gesamtbevölkerung um ein Vielfaches größer als die 8000 Juden im Land wirklich ausmachen. Auch das sind bekannte antisemitische Stereotypen. »I maan, schaun S', was ma uns da nachher vorgeworfen hat – des war ja alles ganz anders ... da war ein Jud' im Gemeindebau, der Tennenbaum ... sonst a netter Mensch – da haben s' so Sachen gegen de Nazi g'schmiert g'habt auf de Trottoir ... und der Tennenbaum hat das aufwischen müssen ... net er allan ... de andern Juden aa ... hab i ihm hing'fiert, daß er's aufwischt ... und der Hausmaster hat halt zug'schaut und g'lacht ... er war immer bei einer Hetz dabei«, heißt es beim *Herrn Karl*. Der berühmte und lange umstrittene, auf dem Boden kauernde, straßenwaschende Jude, ein Teil des Hrdlicka-Denkmals, wurde vor kurzen mit Stacheldraht umgeben, damit er nicht mehr als Rastbankerl zum Jausen mißbraucht wird. Die Plastik soll daran erinnern, wie Juden in Wien gedemütigt wurden, indem sie gezwungen wurden, die Straßen mit Zahnbürsten zu reinigen.

Makabres, fratzenhaftes Wien, dessen zweiter Bezirk in der Nacht von den Lichtern des Riesenrades erhellt wird. Für mich war das Riesenrad immer mit einem Kuß am höchsten, am toten Punkt verbunden. Ich kann nicht beschwören, daß es je dazu gekommen ist oder ich diese romantische Szene nicht bloß von woanders in meine Biographie hineingeschmuggelt habe. Doch seit ich den Film *Der dritte Mann* gesehen habe, ist das honigsüße Bild in sommerlich heißen Farben verschwunden und von der Schlüsselszene des berühmten Films über das zerstörte Wien der ersten Nachkriegsjahre überlagert worden. Gangster Harry Lime, in die Schwarzmarktgeschäfte mit Penicillin verwikkelt, und Holly Martins, sein ehemaliger Schulkollege, der in Wien Limes Verbrecherkarriere aufdeckt, fahren alleine in einer Kabine des Riesenrads bis hinauf zum toten Punkt und blicken über die zerstörte Stadt. Martins, im Film von Joseph Cotton gespielt, schaut Orson Welles als Harry Lime ins Gesicht. »Das Böse ist wie Peter Pan«, denkt er, »es besitzt die schreckliche, Schrecken einflößende Gabe ewiger Jugend.«

Auch das Riesenrad hat noch eine verborgene Geschichte. In den meisten Reiseführern ist nur der britische Ingenieur Walter B. Basset erwähnt, der 1897 das 65 Meter hohe Riesenrad zu Ehren des fünfzigjährigen Regierungsjubiläums von Kaiser Franz Joseph errichtet hatte. Unerwähnt bleibt indes meist der Name Gabor Steiner. In Wirklichkeit war es nämlich Steiner, der die Initiative für ein Wiener Riesenrad ergriff, nachdem er ähnliche Attraktionen in Paris und London gesehen hatte. Als Jude emigrierte er 1938 in die USA und starb 1944 in Beverly Hills.

Krank sein, sterben und auferstehen

»Der Tote, wenn er noch g'lebt hat, konnte den Totengräber damit aufwecken«, sagt der Mann vom Bestattungsmuseum. Die Besucher atmen verhalten. Einer räuspert sich, eine Dame wird etwas blaß. Ob jemals jemand den Rettungswecker für Scheintote, ein Wiener Patent aus dem frühen 19. Jahrhundert, wirklich benützt hat, ist indes nicht dokumentiert. Am Wiener Zentralfriedhof jedenfalls, der wichtigsten, größten und berühmtesten Ruhestätte der Wiener, wurde das mittels Seilzug vom Handgelenk des Verstorbenen mit dem Haus des Totengräbers verbundene Weckgerät einige Jahrzehnte später elektrifiziert. Sicher ist sicher. Und wann ist man schon sicher, daß einer wirklich tot ist in dieser Stadt? In Wien kennt man sich mit derlei Dingen aus. In Bordeaux hingegen habe ein Bestatter erst kürzlich einen Scheintoten nach zwei Tagen lebendig wieder aus der Kühlkammer herausgezogen. So etwas gibt es, und der Mann vom Bestattungsmuseum weiß Fakten und Schauergeschichten wohldosiert und trocken zu mischen. Er ist Beamter der »Bestattung Wien«, den Betreibern des Museums in der Goldeggasse, jemand also, der mit dem Tod von Amts wegen zu tun hat und der sich für Statistiken, Sarggrößen und die Abwicklungsmodalitäten einer Feuerbestattung interessiert.

Ganz recht, wir befinden uns in einem einzigartigen, höchst eigenartigen Museum, das alles rund um Begräbnisse, Friedhöfe und die in Wien so wichtige »schöne Leich« zur Schau stellt. »Funeralwappen«, Zeremonienstäbe, Trauermonturen, dazwischen Fotos von prunkvollen Leichenkondukten, alles liebevoll auf Vitrinen verteilt und gewissenhaft beschriftet, geben einen Eindruck vom berühmten, vielfach zum Klischee geronnenen Verhältnis der Wiener zum Tod. Außer in Kärnten, erzählt unser Führer sachkundig und noch immer mit der Frage von Tod, Scheintod und Auferstehung beschäftigt, sei es in Österreich immer noch möglich, die archaische Methode des Herzstiches zu verlangen, um sicherzugehen, daß man nicht aufwacht, und wenn, dann frühestens zum jüngsten Gericht.

Die Wiener und der Tod. »Im Begraben, da sind sie groß«, schrieb Hermann Bahr um die Jahrhundertwende. »Wer verstehen will, wie der Wiener lebt, muß wissen, wie man ihn begräbt, denn sein Dasein ist innigst mit jenem Nimmersein verwoben, von dem er in unzähligen fröhlichtraurigen Liedern zu singen weiß.« Die Wiener behandeln die Toten oft wie Lebende, was kein Wunder ist in einer Stadt mit dieser Historie, wo die berühmten Verstorbenen die berühmten Lebenden stets an Wichtigkeit überragen. Auch kommt dieses vertraute Verhältnis den Wienern, die oft Schwierigkeiten mit ihren Mitmenschen haben, zupaß. Man könnte manchmal denken, daß sie »ihre Lieben erst dann so ganz lieb haben, wenn sie tot auf dem Zentralfriedhof liegen – da sind sie schön still und sagen zu allem Ja und haben keine eigene Meinung mehr«, schrieb der Autor Otto

Friedländer. Anschließend erzählt er von der Witwe, der es zur Gewohnheit wurde, immer auch auf ein fremdes Grab eine Blume zu legen, weil sie mit der verstorbenen Mutter und ihrem Sohn Mitleid hatte. Dabei lernte sie den Witwer kennen ... Schicksalsverbindungen werden in Wien auf Grabhügeln geschlossen.

Irgendwo in der Nähe ihres Zuhauses steigen die alten Damen in den »Anasiebzga« (Straßenbahnlinie 71). Sie haben frische rote Friedhofskerzen in ihre großen Handtaschen gepackt, den dicken Wintermantel und die guten Stiefel angezogen und die warme Mütze mit dem Pelzbesatz aufgesetzt. Es würde kalt werden, haben sie sich gedacht, als sie die Wohnungstür ins Schloß fallenließen. Dennoch haben sie den kleinen Klappsessel mitgenommen, der im Flur auf die Ausflüge zum Zentralfriedhof wartet. Den ganzen Nachmittag kann man nicht stehen, auch nicht immer nur das kleine Blumenbeet jäten, noch dazu wo der Boden noch gefroren ist. Sie sind unter sich, die alten Frauen, am Sonntagnachmittag in der Straßenbahn auf ihrem Weg zum Zentralfriedhof. Sie sprechen wenig, grüßen höchstens, weil sie die anderen Frauen erkennen, ihnen die eine von ihrem kürzlich verstorbenen Mann erzählt hat. Eigentlich sind sie schweigsam. Reden werden sie erst auf den Gräbern, mit ihren verstorbenen Männern, Müttern und Kindern. So sind die alten Frauen, und selten mischt sich eine junge darunter. Nicht nur in Wien, und dennoch ist des Wieners Verhältnis zum Tod nicht einfach nur ein Klischee. Wenn Georg Kreisler in seinem berühmten, wehmütig schwarzen Lied von diesem Verhältnis singt, kann man das Wort »Wiener« nicht einfach durch »Holländer« ersetzen: »Der Tod, das muß ein Wiener sein, genau wie die Lieb' a Französin. Denn wer bringt dich pünktlich zur Himmelstür? Ja, da hat nur der Wiener das G'spür dafür. Der Tod, das muß ein Wiener sein, nur er trifft den richtigen Ton: Geh Schatzerl, geh Katzerl, was sperrst dich denn ein? Der Tod muß ein Wiener sein.«

Der Hang zum Morbiden hat im Wien der Nachkriegszeit einen ganz eigenen, nicht selten makabren Klang, während in der Kaisermetropole noch die »schöne Leich«, also das Spektakel des großartigen Heimgangs, im Vordergrund stand. Man denke nur an die letzten großen Staatsbegräbnisse der Monarchie: den Trauerzug für die ermordete Kaiserin Elisabeth 1898 und achtzehn Jahre später, mitten im Ersten Weltkrieg, das Begräbnis für den alten Kaiser Franz Joseph – eine gültige Zusammenfassung des Endes der k.u.k.-Monarchie und der mit ihr untergegangenen Welt. Seither ist es um den Tod stiller, einsamer und auch trauriger bestellt. Vom barocken Sinn fürs pompöse Sich-zur-Schau-Stellen, das Prozessionen jeglicher Art ihren Teilnehmern ermöglichen, ist nicht mehr viel geblieben. Nur manchmal noch entfalten sich die Traditionen in alter Würde, als wäre nichts gewesen, erlebt die Verbindung von Barockem, Katholischem und Imperialem noch ein Fest. Normalerweise regiert hingegen das Makabre, das sich in dieser Stadt so oft hinter dem Morbiden verbirgt.

Man darf nicht vergessen, daß Wien lange Zeit eine sterbende Stadt war. 1910 zählte die Hauptstadt des endenden Kaiserreichs noch zwei Millionen Einwohner. Seither schrumpfte sie auf ihren Tiefstand: auf eineinhalb Millionen in den achtziger Jahren. Erst seit dem Fall des Eisernen Vorhangs gibt es dank der Zuwanderung wieder eine spärliche Zunahme der Bevölkerungszahl. Dennoch ist in Wien der Anteil an Pensionisten besonders hoch, und da wiederum liegen die Pensionistinnen vorn. Nur das Stadtbild hat sich verändert. Früher hätte man zum Beispiel alte Frauen am Karlsplatz beim Taubenfüttern fotografiert, um die Wiener Seele in einem einzigen Stimmungsbild festzuhalten, heute würde man Szene-Menschen vor einem In-Lokal am

Naschmarkt dafür hernehmen. Wien ist heute eine In-Metropole, eine Stadt mit einem neuen Lebensgefühl. Und dennoch ist gerade dieses letzte Bild, dieser vergangenheitslose Aspekt des Wiener Lifestyle ein Trugbild. Dafür ist die Vergangenheit in Wien einfach zu mächtig. Solange es den Zentralfriedhof gibt, jene in ihrer Weitläufigkeit und Vielfalt einzigartige europäische Nekropolis, wo ein versunkenes Weltreich hunderttausendfach in Grabsteininschriften fortlebt, kann nicht einfach drauflos gelebt werden, so als gäbe es diese ganze lastende Vergangenheit nicht. Nicht nur die des Weltreichs, sondern im besonderen auch die jüngste Vergangenheit. Eines der schauerlichsten Gespenster aus dieser dunklen Zeit sollte erst vor kurzem mit einem feierlichen Staatsbegräbnis am Zentralfriedhof gebannt werden.

Am Spiegelgrund

Es war am 28. April des Jahres 2002. Eine stattliche Ansammlung von Menschen, vorneweg Österreichs Bundespräsident Thomas Klestil und der Bürgermeister der Stadt Michael Häupl, zogen unter den frühlingshaft mit frischem Grün übersäten Alleenbäumen des Zentralfriedhofs zu einem soeben frisch hergerichteten Ehrengrab. Die Menschenmasse blickte bestürzt, ratlos und zurückhaltend. Das hatte seinen Grund. Stellvertretend für die sterblichen Überreste von etwa fünfhundert Kinderleichen wurden zwei Urnen feierlich beigesetzt. Der Rest war zwei Wochen zuvor in aller Stille, nur von den wenigen Angehörigen, die nach all den Jahren noch ermittelt werden konnten, ebenfalls hier begraben worden. Teile von Kinderleichen? Was ist damit gemeint, werden Sie fragen. Ermordete, zerstückelte Kinder? Die Geschichte ist so abgrundtief furchtbar ... so himmelschreiend traurig ... Und auch wenn uns heute die

Greuel der Nazidiktatur vielfach bekannt sind und wir nie mehr mit der gleichen Selbstverständlichkeit zu leben vermögen wie die Generationen davor, rufen Einzelschicksale und spezielle Geschichten immer wieder unser blankes Entsetzen hervor. Während des makabren Begräbnisses am Zentralfriedhof wurden noch über tausend weitere Leichenpräparate gefunden.

Am Spiegelgrund. Das psychiatrische Krankenhaus Steinhof, heute das Otto-Wagner-Spital, ist eine weitläufige, wunderschöne Anlage inmitten von Platanen, Kiefern und Wiesen. Groß wie die Wiener Innenstadt wurde es unter anderem von Otto Wagner als fortschrittlichste und luxuriöseste Spitalsanlage für psychisch Kranke in Europa errichtet. In mehreren Pavillons in unmittelbarer Nähe der berühmten, das Areal krönenden Otto-Wagner-Kirche befand sich die Kinderfachabteilung »Am Spiegelgrund«. Neben der Abteilung Brandenburg-Görden war sie die größte oder zumindest, was die Zahl der Opfer betrifft, effizienteste Anstalt für Kindereuthanasie im Dritten Reich. Bis Kriegsende wurden hier 789 Kinder durch lang andauernde Quälereien bestialisch ermordet, viele von ihnen anschließend für »wissenschaftliche Zwecke« regelrecht ausgeweidet und die Leichenteile, vornehmlich die Gehirne der Kinder, in großen Einweckgläsern aufbewahrt. Die Horrortat war nicht unbekannt, und doch blieb bis Ende der neunziger Jahre einer der Haupttäter, der Psychiater Heinrich Gross, erst als Chefarzt, später als vielbeschäftigter Gerichtspsychiater in Amt und Würden. Klinikleiter Ernst Illing war 1946 vom Volksgerichtshof verurteilt und hingerichtet worden. Nicht zuletzt aufgrund der Protektion sozialdemokratischer Politiker urteilte hingegen Heinrich Gross an Wiener Gerichten bis 1997 über kriminelle Veranlagung, soziale Verwahrlosung und andere menschliche Defekte, die er selbst gemäß dem nationalsozialistischen Ideal im Dritten Reich ausgesondert und zu beseitigen versucht hatte. Die Gläserbatterie mit den Leichenpräparaten stand dem Arzt auch nach dem Krieg auf der Pathologie des Spiegelgrunds für Forschungszwecke zur Verfügung. Wäre nicht Friedrich Zawrel gewesen, der kleine, zähe Straßenjunge, dem das Leben von Anfang an so übel mitgespielt hatte, daß auch ein Dr. Gross ihm nicht den Garaus hatte machen können, der Skandal wäre womöglich noch länger unter der Oberfläche dahingeschwelt, ohne entfacht zu werden. Nun sind die Opfer des Spiegelgrunds begraben, der im März 2000 gegen ihren Täter angestrengte Prozeß ist mittlerweile wegen Verhandlungsunfähigkeit des Angeklagten eingestellt worden. 1975 hat der Staat Heinrich Gross das Österreichische Ehrenkreuz für Wissenschaft und Kunst verliehen, erst im Sommer 2003 ist es ihm wieder aberkannt worden.

Im Narrenturm

»Wohin gemma heut' tanzen? Ins Kinsky oder in den Volksgarten.« Süßes Leben. Noch scheint die Sonne durch die blühenden Kastanienbäume. Eine Zufallsbegegnung und ein Versprechen. »Bis heute Abend dann.« Es wird nicht allzulange sein bis dahin und doch eine halbe Ewigkeit, ausgefüllt mit den Schattenseiten des Lebens, des Liebens und des Sterbens. Ich wandle auf den Spuren von Krankheit und Umnachtung, biege von der Sensengasse in den Viktor Frankl Weg ein und stehe plötzlich vor dem Narrenturm. 1784 wurde er unter Kaiser Joseph II., der die bislang übliche Zurschaustellung geistig Kranker untersagt hatte, nach den Plänen des Architekten Isidor Canevale gebaut. Er galt als »wesentliche Verbesserung in der Behandlung von Irren«, obwohl diese verdammten Seelen in den 139 Zellen wie Gefangene, teilweise an der Wand angekettet, gehalten wurden. Bis 1866 waren im Narrenturm Geisteskranke untergebracht, seither ist hier die pathologisch-anatomische Sammlung zu besichtigen. Der Direktor der Einrichtung, so steht auf dem Schild neben dem Eingang, ist tot und hat eine bloß interimistische Leiterin hinterlassen. Ordnung muß sein in einer Institution, wo Krankheit und Sterben den Tagesrhythmus bestimmen. »Mir sperr'n glei zua. Beeilens erna.« Das tue ich gerne, würden mir doch bei längerer Betrachtung der Ausstellungsstücke die Grausbirnen aufsteigen. Den Raum mit den von Tuberkulose zerfressenen Lungenpräparaten ertrage ich gerade noch. Stoisch und angetrieben von der Museumswärterin. »Wissen's, mia hom jo sofü Oabeit, sofü Präparate, die ma betreun miassn, do miass ma a bisserl friha zuasperr'n ...« Im nächsten Raum sind die Geschlechtskrankheiten untergebracht. Geschlechtsteile in Formaldehyd mit ekelerregenden Verwachsungen, Pilzen, Entzündungs- und Eiterherden. Daneben anatomische Modelle, unterschiedlich verformt, mißgebildet. Dazwischen auf der linken Wand des Zimmers eine Art Stammbaum, ein besonderer Stammbaum, kein realer, in diesem Zusammenhang aber um so realistischer. Es ist ein Versuch, die vielfältigen Beziehungen aus Schnitzlers *Reigen* darzustellen. Ein literarischer Kommentar zum medizinhistorisch Makabren. Ein Blick noch auf die alte Apotheke, einen alten gynäkologischen Stuhl und den Raum mit den historischen Arm-, Bein- und Handprothesen – und schon bin ich wieder draußen aus diesem größten pathologischen Museum der Welt (40 000 Präparate und Modelle), dem einzigen, das zum Teil auch für Laien zugänglich ist. Ein milder Sommerwind weht. »Die meisten Exponate sind Teile des Körpers von Verstorbenen oder sind Operationspräparate von noch lebenden Mitbürgern. Sie haben mit diesen Präparaten der Forschung und der medizinischen Lehre wie auch der Volksbildung einen hervorragenden und beispielhaften Beitrag geleistet. Wir wollen ihrer mit Dankbarkeit und Ehrfurcht gedenken«, lese ich im Museumsführer. Die Milz von der Mizzi-Tant', die eingewachsenen Zehennägel vom Travnicek (eine weitere Qualtingerfigur), der Leistenbruch von der Frau Sopherl, der redseligen Verkäuferin am Wiener Naschmarkt. Was für Leute sich für das Museum interessieren, frage ich. »Es gibt viele Interessierte, die einfach wissen wollen, wie die Krankheiten damals ausgesehen haben«, erklärt die Museumsleiterin trocken. Zum Beispiel wären die wuchernden, ins Fleisch eingewachsenen Zehennägel dadurch zustande gekommen, daß früher Bettlägerige nicht gut gepflegt wurden, schon gar nicht an den Füßen ... Nichts auf der Welt kann mich mehr mit der Gegenwart versöhnen wie die Segnungen der modernen Medizin. Erleichtert sitze ich draußen vor dem Narrenturm auf einer Bank. Zwei deutsche Touristen eilen herbei und beschweren sich lauthals über die abstrusen Öffnungszeiten des Museums. »Machen Sie sich nichts draus, das Museum ist eh schrecklich«, versuche ich die beiden zu trösten, worauf der Mann kontert: »Das ganze Leben ist doch schrecklich.« Ich lache ihn an. »Sie müssen Wiener sein.« »Nein«, sagt der Frankfurter, »aber ich verbringe jeden Urlaub hier.« Du guter Gott. Zum Glück ist Sigmund Freuds Wohnhaus in der Berggasse nicht weit entfernt und auch zu besichtigen. Selbst wenn Karl Kraus die Psychoanalyse als »jene Geisteskrankheit« bezeichnet hat, »für deren Therapie sie sich hält«, wo sollte man sonst hinflüchten, wenn man derart in die Nachtseele des Lebens eingetaucht ist, als zum Seelendoktor?

Die kurze Wiederauferstehung der Monarchie

Glauben Sie mir noch immer nicht, daß diese Stadt eine Zumutung für die Seele ist? Abgründig, makaber, bodenlos? Voller verdrängter Realitäten und realer Trugbilder? Daß hier über Nacht Tote so lebendig werden können, daß sie die ganze Stadt in Bann halten? Auch so etwas kommt vor. Am ersten April 1989 wurde Österreichs letzte Kaiserin, Zita, in der Wiener Kapuzinergruft beigesetzt. Da sie, wie auch ihr Mann, Kaiser Karl I., keine Verzichtserklärung auf den österreichischen Thron unterschrieben hatte, hatte sich die Republik erst sehr spät mit ihr ausgesöhnt, ihr 1982 die Einreise gewährt und nach ihrem Tod die traditionelle Beisetzung in der Kapuzinergruft beschlossen, nicht ohne sich heftige Kritik bei den Gegnern dieses Vorhabens einzuhandeln. Und so kam es für einige Stunden zu einer Wiederauferstehung der monarchischen Welt. Ein Theaterstück wurde gegeben, so real, daß einige kritische Intellektuelle ernsthaft die Gefahr einer Wiedereinführung der Monarchie diskutierten. Angesichts des prunkvollen Konduktes – die achtspännige kaiserliche Leichenkutsche wurde extra aus dem Museum hervorgeholt, verschiedene Traditionsverbände in Uniformen, die Malteserritter in Ordenskukullen, die Ritter vom Goldenen Vlies begleiteten den Trauerzug vom Graben über den Kohlmarkt zur Kapuzinergruft – angesichts dieser ganzen Selbstverständlichkeit im Umgang mit dem kaiserlichen Begräbnis erlebten die Stadt und ihre Bewohner einen plötzlichen Zeitsprung. Auch die berühmte Szene vor der Kapuzinergruft fehlte nicht: Derjenige, der früher Oberhofmarschall gewesen wäre, klopft an die Pforte der Klosterkirche, und der Pförtner fragt mit hohler, tiefer Stimme: »Wer begehrt Einlaß?« Der Oberhofmarschall antwortet, indem er den Namen der Toten mit den Titeln der Weltlichkeit nennt. Der Kapuziner schüttelt das Haupt: »Ich kenne keine Majestät«, erwidert er ernst, »ich kenne keinen Herrscher, keine Erzherzöge, keine Fürsten.« Der Schlagabtausch wiederholt sich, und erst nachdem der Oberhofmarschall »So bitte ich um Einlaß für eine Sünderin« sagt, öffnet sich das Tor, und die ehemalige Kaiserin findet Aufnahme bei ihresgleichen – bei den zwölf Kaisern, sechzehn Kaiserinnen und über hundert Erzherzögen. Seither ist auch ihr Sarg der Sorge der Denkmalpfleger und Restauratoren überantwortet, die seit den sechziger Jahren versuchen, dem Zinkfraß in der Kapuzinergruft Einhalt zu gebieten. Manchmal hat man das Gefühl, die Wiener würden am liebsten ihre ganze große Vergangenheit in die Kapuzinergruft stopfen, aber sie wissen, daß sie dann durch alle Ritzen wieder hervorbricht. Ich selbst traf nach dem Begräbnis der ehemaligen Kaiserin meine Eltern. Sie waren im Leichenkondukt mitmarschiert und tief beeindruckt von der Bedeutung des historischen Augenblicks, von der späten Widergutmachung und der Bescheidenheit der alten Zita. Anschließend wechselte ich über die Straße ins Oswald & Kalb. An einem Tisch fand ich in bedrückter Stimmung und mit hochgezogenen Schultern einige Journalisten. Sie waren verwirrt über die vielen Uniformen, ja, über das ganze Spektakel, dessen Kode sie nicht so ohne weiteres entschlüsseln konnten. Und wenn die Republik in Gefahr wäre? Sie stellten sich mit gedämpften Stimmen Fragen, so als wäre gerade die bürgerliche Revolution von 1848 gescheitert und sie, der harte Kern der Aufständischen, kämpferisch, aber geschlagen in einem Ottakringer Wirtshaus zusammengekommen, um die Lage zu besprechen. Draußen auf den Straßen Wiens hatte längst das moderne Großstadtleben wieder die Oberhand gewonnen.

Wehmut by night

»Nein, mein Herz«, sagte er zärtlich und mit einer dunklen, warmen Stimme, während ein nicht gekannter Schmerz über sein Gesicht huschte. Nein, noch einen Bären würde er nicht schießen. Es sei ein Unfall gewesen. Notwehr. Sonst hätte der Bär sich womöglich auf ihn gestürzt. Keine dreißig Meter vor ihm hatte sich der Riese in Angriffsstellung gebracht, imposant und dennoch wie ein zu groß geratenes Kuscheltier. Der Schuß kam wie im Reflex. Einmal zog er ab, und der Grizzly brach vor seinen Augen zusammen. Ich schaute ihn forschend an. Alles um mich herum, die coole New-York-ähnliche Atmosphäre des Restaurants »fabios« auf der Tuchlauben, gleich hinter dem Graben, die angenehm gedämpfte Musik, die in dunklem Vollholz und grauem Leder gehaltene Inneneinrichtung, alles verschwand. Statt dessen sah ich die Weiten Kanadas, die Kälte und den Regen, spürte die Gänsehaut und die Erschöpfung nach den tagelangen Wanderungen. »Es ist«, sagte er, »als habe man seinen Bruder getötet, denn wenn man einem erlegten Bären das Fell abzieht, glaubt man, einen Menschen vor sich zu haben.« Ich werde diese Szene nie mehr vergessen, nicht den Tonfall seiner Stimme, nicht die plötzlich so veränderten Gesichtszüge, nicht den armen Grizzly. Den Wein, den er öffnen ließ, vielleicht. War er rot oder weiß? Italienisch? Österreichisch? Nein, französisch und von edler Sorte. Wie alles an jenen Abend. Selbstverständlicher Luxus mit einem Schuß Understatement. Das paßte zu ihm, auch das Internationale, Newyorkische. So jemand hätte vor zwanzig Jahren nicht nach Wien gehört. Mit seiner Vita hätte er sich irgendwo zwischen Frankfurt, London und Chicago angesiedelt. Was hätte er auch tun können, früher in Wien? Bei den damals noch verstaatlichten Banken arbeiten, bei der gerade eben teilprivatisierten, aber weiterhin dem Parteienproporz ausgelieferten Großindustrie? Seit dem Fall des Eisernen Vorhangs hingegen prägt der Typus des erfolgreichen Managers, des Selfmademan, des geldverwöhnten, zwischen vier Städten hin- und herjettenden, junggebliebenen Geschäftsmanns auch in Wien die Szene. Und die Art der Lokale. Und die Küche, die noch nie so vielfältig, international, modern und kreativ gewesen war. Männer wie er gehen ins Novelli, ins Indochine 21, ins Coburg, im gleichnamigen Palais, zum Szeneasiaten Kim Kocht oder ins neu eröffnete, noch exquisiter sein wollende Do & Co im Haas-Haus am Stephansplatz. Früher hatte so jemand mehr Mühe, ihm blieb eigentlich nur das Korso oder das alte Steirereck, Orte der gehobenen Luxusküche, elegant, aber damals eben noch ganz ohne Szeneflair. Das Steirereck hat sich mittlerweile verjüngt und in der Meierei im Stadtpark einen Tempel der besonderen Gaumenfreuden in spektakulärem Ambiente aufgemacht. Heute kann sich der Szenefisch in Wien tatsächlich wie im Wasser fühlen. So viele schicke, ultimativ trendige, mit einer anständigen Weinkarte und einer ebensolchen Küche ausgestattete Szenelokale kann er in den kurzen Zeitintervallen, die er nicht von A nach B rauscht, gar nicht besuchen. Aber natürlich gibt es nicht nur den trendigen, jetsettenden Kosmopoliten.

Ein anderer Freund von mir, zum Beispiel, würde nie und nimmer auch nur einen Fuß ins fabios oder schlimmer noch ins Do & Co setzen, so sehr fühlt er sich an diesen Orten an sein früheres Leben als vielversprechender Jungberater bei McKinsey in Düsseldorf erinnert. Er ist jetzt um die Fünfzig und rechnet sich seit einer Weile schon lieber zu den kritisch aufgeklärten Intellektuellen als zur Schickeria.

Vor siebzehn Jahren hatte er bei einem Wienbesuch im Oswald & Kalb gegessen. Anfang der achtziger Jahre hatte sich hier in der Bäckerstraße das Wiener »Beislwunder« ereignet, und mein Freund war seinem Ruf mit einiger Verspätung gefolgt. Bald fühlte er sich im Dunstkreis der Künstler, Journalisten und Politiker so wohl, daß er seinen gutbezahlten Managerjob kündigte, nach Wien übersiedelte und eine Karriere als Schriftsteller begann. Die »Bäckerstraßenszene« setzte sich stets bewußt von der »Bermudadreieckszene« ab, jenem Ausgeh-Viertel, ebenfalls innerhalb des 1. Bezirks, das zur gleichen Zeit das jüngere, szenigere, weniger intellektuelle Publikum anzog. Auch heute noch, nach so vielen Jahren, zieht es Matthias selbstverständlich in die Bäckerstraße und nicht ins Bermudadreieck, der Besäufniszentrale fürs Kiddy-Publikum. Also, gehen auch Sie in die Bäckerstraße, selbst wenn das was für Nostalgiker ist. Lassen Sie sich Rindfleischsalat mit Kernöl servieren, den Inbegriff der Wiener Edelbeislküche, dieser verfeinerten, nicht ganz so im Magen liegenden Variante der traditionellen Wiener Beislkochkunst.

Das Oswald & Kalb gehört, wie ich schon im dritten Kapitel andeutete, längst nicht mehr dem Kunsthändler Kurti Kalb, und doch ist und bleibt es eine Institution. Zwei Schritte weiter, im Café Engländer, treffen Sie vielleicht auf Robert Schindel und werden in ein Meer von Geschichten eintauchen, die der Schriftsteller mündlich ebenso wie schriftlich auf eine begnadete, fast orientalische Weise zu erzählen pflegt. Ich habe es oft selbst erlebt, wie die Fans wie Trauben um den Stammtisch lagerten, vollkommen in Bann geschlagen. Wie sie sein gestenreiches Sprechen atemlos verfolgten, seiner warmen, verheißungsvollen Stimme lauschten, um mit dem Dichter in das Schicksal der Menschen einzutauchen, die er am Wirtshaustisch zum Leben erweckte. Heute werden Sie auch Touristen im Oswald & Kalb oder im Engländer finden. Unlängst war ein Ehepaar aus Boston im Oswald & Kalb zu Besuch. Als einer der Stammgäste, ein stadtbekannter Bohemien mit Hund, den Gastraum betrat, erschraken die beiden zutiefst. Hunde im Lokal! Das wirkte auf sie sehr mittelalterlich. So wie schon die ganze Innenstadt mit ihren Pferdekutschen, den trutzigen Häuserfassaden, den Gewölbedurchgängen, dem Stökkelpflaster, der herzhaften, schweren Hausmannskost und dieser viel zu langsam und ineffizient arbeitenden Fastfoodkette namens Würstelstand. Der Oberkellner hielt das immer hysterischere »Excuse me, my wife is allergic to dogs« des Gatten bald nicht mehr aus und setzte die beiden kurzerhand im Nebenraum an den Stammtisch, was an sich eine ungeheure Ehre und Auszeichnung ist. Die verdutzten Leute fühlten sich jedoch an den Katzentisch versetzt, vielleicht weil ein Stammtisch kein Tischtuch hat, und empfanden Land und Sitten nun endgültig als barbarisch.

Wiener Schnitzel mit Tunke und Klöße

Bevor wir uns in den Wiener Rindfleischolymp begeben und Ewald Plachuttas Kochkunst erliegen, muß ich noch ein Wort über die Wiener Küche verlieren. Es stimmt zwar, daß sie aus so unterschiedlichen Einflüssen besteht, wie die ehemalige Vielvölkermonarchie sich aus verschiedenen Ethnien und Kulturen zusammensetzte. Es stimmt, daß es süddeutsche und böhmische, ungarische und italienische, serbische, kroatische, polnische und sogar spanische Elemente in der Wiener Kochkunst gab und gibt und daß das eigentliche Verdienst der guten alten Wiener Küche darin besteht, aus der Vielzahl der Möglichkeiten das Beste auszuwählen, die Gegensätze zu versöhnen und die ursprüngliche Wildheit zu mildern. Die Wiener Küche ist weder leicht noch kalorienarm. Nun gut, das mag man ja hinnehmen, auch, daß hier gerne alles paniert (in einer Panade aus Mehl, Ei und Semmelbrösel herausgebacken) wird und daß die »Mehlspeisen« (Desserts) in Wien um einiges süßer sind als anderswo. Und dennoch, als ich im schon erwähnten Wiener Beislführer auf den einleitenden Essay von Werner Meisinger stieß, der darin offen zugibt, »vor manchen Delikatessen der traditionellen Küche Furcht« zu empfinden und daß er, »was dem durchschnittlichen Beislgast ein Lebenselixier ist – das Gulasch mit drei Bier und einem Packerl Milde« (damit ist die Zigarettenmarke Milde Sorte gemeint) gar nicht wirklich leiden kann, da fühlte ich mich endlich und nach vielen Jahren zum ersten Mal verstanden. Was habe ich nicht als Studentin der Politikwissenschaften, Philosophie und Pädagogik in mehr oder minder berühmt-berüchtigten Beisln gesessen, mit oder ohne Verehrer und fürchterlich gelitten (was auch am Verehrer gelegen haben mag, aber nicht nur). Zum Beispiel im bekannten Schauspieler- und Künstlerlokal, dem Gmoa-Keller, der damals noch von zwei alten Wirtinnen mit strengem Regiment geführt wurde und wo man, ganz Beisltradition, zwischen Blunzen (Blutwurst) mit Kraut, Bratwürstel oder faschiertem Braten (Hackbraten) wählen konnte und wo es nach Zigarettenrauch, Fett und Bier stank, wie in vielen anderen Beisln auch. Die damaligen Verehrer freilich stimmten in den Lobesgesang der eingefleischten Gmoa-Keller-Gemeinde ein, deren berühmtestes Mitglied die Schriftstellerin Ingeborg Bachmann war, und wußten, daß, wer Frau Novak und ihre geröstete Leber nicht kenne, Wien nicht verstanden habe. Andere Meinungen (und somit Lokale) wurden selbstverständlich nicht zugelassen. Dabei gehörten auch damals schon der Gmoa-Keller oder der Ubl zu den besten Beisln, und ihre Küche verdiente bestimmt einiges Lob. Doch jemand, der Fleischspeisen meist wegen der köstlichen Beilagen bestellt, ein Steak nur ganz und gar durchgekocht zu sich nehmen kann und bei Innereien aller Art am liebsten das Weite sucht, der ist in einem normalen Wiener Beisl einfach aufgeschmissen, zumindest im herkömmlichen Beisl, das einer Kneipe eben doch recht ähnelt.

»98 Prozent der Beisl-Beuschel [Hackfleisch aus Kalbslunge, -herz und -milz]«, schreibt Werner Meisinger, »sind so ungenießbar wie die Beislküche im allgemeinen. Im Beisl des alten Schlages sind die meisten gerösteten Lebern gekocht und erinnern im Biß an Gummibären; die Schnitzel riechen nach altem Fett; die Palatschinken triefen davon. Das gemeine Beisl ist kein Ort kulinarischer Erbauung. Für die wenigen Beisln, in deren Küche noch die Wirtin oder der Wirt, jedenfalls ein begabter, wirklicher Koch und kein verhinderter Mechaniker seinem Handwerk nachgeht, für diese Oasen in der gastronomischen Wüste, diese knusprigen Bratkartoffeln in einem Gebirge aus letscherten [schlabberigen] Pommes frites«, müsse man endlich eine andere Bezeichnung finden. Hat man aber nicht. Im Gegenteil. Das Beisl, in dem das jiddische Wort für Haus drinsteckt, hat einen gewaltigen Siegeszug in Wien hinter sich. Aber, und das ist das Entscheidende, der Sieg der Beislkultur ist einhergegangen mit einer Verwandlung der klassischen Beislküche. Nicht daß diese typischen Lokale heute Pizza und Pasta zu ihren kulinarischen Höhepunkten auserkoren hätten, vielmehr haben sie sich verfeinert und sich der wahren Wurzeln der Wiener Küche besonnen. In vielen Beisln speist heute sogar jemand wie ich köstlich, weil die Auswahl an österreichischen Gerichten größer und die Art der Zubereitung feiner, leichter und präziser ist. Im Grünspan in Ottakring zum Beispiel, einem der drei Plachutta-Beisln, kann man wahrlich ermessen, was es mit der vielgelobten Wiener Rindfleischküche auf sich hat. Nicht nur, daß die Wiener Küche mehr als ein Dutzend Arten von Rindfleisch kennt, im Plachutta ist ein Tafelspitz (das ist gekochtes Rindfleisch, ein Klassiker der Wiener Küche) wirklich so zart, daß er auf der Zunge zergeht, die Schnittlauchsoße und der Apfelkren (Meerrettich mit geriebenem Apfel) wirklich erfrischend und die Bratkartoffeln wirklich knusprig. Hier sind die einfachsten, klassischsten Gerichte so hinreißend gut, daß Sie sich noch Jahre danach an den Geschmack erinnern werden. Und dann werden auch Sie der Versuchung nicht widerstehen können, eines der Plachutta-Kochbücher zu erstehen und sich selbst in das Abenteuer der Tafelspitz-Kochkunst zu stürzen, dessen Gelingen keineswegs gesichert ist, weil die Kunst eben schon beim richtigen Tranchieren des Fleisches beginnt und Sie mit der Zubereitung eines Tafelspitzes nun überhaupt bei einem jener typisch Wiener Phänomene angekommen sind, die ihr Geheimnis nicht so leicht preisgeben.

Ein Grund dafür, warum die heimische Küche lange Zeit sehr mittelmäßig war, mag darin liegen, daß die wirkliche Wiener Küche nicht einfach zu kochen ist. »Für die meisten Delikatessen der alten Schule braucht der Koch die Ausdauer des osttibetischen Lamas und den unempfindlichen Rücken des andalusischen Riesenesels. Stunden und Aberstunden steht er dafür in der Küche und putzt und wässert und putzt und wässert und löst aus und rollt und füllt, bis endlich das Bruckfleisch friedlich köchelt, das Gulasch angesetzt, die Kalbsbrust untergriffen, gefüllt und verschlossen ist und das Hirn abgezogen und blütenweiß zur weiteren

Verarbeitung bereitliegt. Taubenbrust in die Pfanne hauen geht viel schneller«, vermerkt der uns mittlerweile schon bekannte Werner Meisinger lakonisch. Und doch. Da Sie nun um die Schwierigkeiten der Wiener Küche wissen und solch wichtige Gesetze wie die Grundregel für das einzig wahre Wiener Schnitzel kennen (»Ein Wiener Schnitzel soll von jenem tiefen Goldgelb sein, das man vom Holz der Stradivari-Geige kennt.«), können Sie sich ruhig hinaus in die Vorstadt wagen, nach Simmering, Florisdorf oder Ottakring, und dort in ein echtes, altes, unverfälschtes Eckbeisl gehen, da wo Wien wirklich noch Wien ist. Sie sollten aber vorher zumindest die Bezeichnungen für die wichtigsten Gerichte noch einmal auswendig heruntersagen, denn oft gibt es in solchen Beisln keine Speisekarte, höchstens eine schwarze Tafel, wo irgend etwas ziemlich Unleserliches draufsteht. Der Wirt oder Kellner in einem klassischen Beisl ist zudem klassischerweise völlig autoritär und herrschsüchtig und verträgt in seinem Universum einfach keine Unwissenheit.

Und so kam es in einem Ottakringer Beisl zu folgender kurzen, aber um so eindringlicheren Szene: Ein deutsches Ehepaar in kurzen hellbeigen Shorts, hellblauen Tricot-T-Shirts, schlappen Sonnenhüten und mit Fotoapparat betrat den Gastraum, schritt über den klassischen Holzboden und setzte sich an einen der freien typischen Resopaltische. Sie freuten sich sichtlich, im Herzen Wiens angekommen zu sein. Der Kellner wies mit einer kleinen mürrischen Kopfbewegung Richtung handgeschriebener Tafel. Da es eh immer nur Schnitzel und Gulasch gibt, hatte er das Reden, so schien es, schon vor langer Zeit eingestellt. Er stand also schweigend vor den Gästen aus der Bundesrepublik, die ihn freundlich und voller Erwartung anlächelten und sagten: »Wir hätten gerne so ein typisches Wiener Schnitzel mit Tunke und Klöße.« Mehr hatte es nicht gebraucht, um den

Kellner aus seiner Lethargie aufzuwecken. Er packte die beiden am Krawattl (Kragen) und sagte sehr bestimmt und kurz: »Und samma scho wieder draußt.« Die beiden wußten gar nicht, wie ihnen geschah, und wieso sie so schnell wieder auf der Gasse standen. Daß sie sich mit ihrem »Tunke und Klöße« das urwienerische Mittagessen verdorben hatten, kam ihnen nicht in den Sinn. Daß der Gast in Wien von den Kellnern mitunter als der zahlende Feind betrachtet wird, wußten sie auch nicht. Ihnen hingegen kann so etwas, nach all dem, was Sie über Wien und die Wiener wissen, gar nicht mehr passieren. Sie werden ganz im Gegenteil sehr lässig Fleischlaberln mit Erdäpfelsalat (Frikadelle mit Kartoffelsalat) und als Nachspeise Palatschinken mit Marillenmarmelade (Pfannkuchen mit Aprikosenkonfitüre) bestellen, zum Trinken ein Seidl für den Herrn und für die Dame ein Obi g'spritzt (Apfelsaftschorle). Und dann werden Sie unauffällig Ihre Milieustudien betreiben, einen sehr stark ausgeprägten Hang des normalen Wieners zum Individualismus feststellen und sich daran erinnern, daß Karl Marx bei seinem Besuch in Wien im September des Revolutionsjahres 1848 über das Proletariat gewaltig entsetzt gewesen war. Er soll, über das heitere Leben in den Wiener Beisln enttäuscht, mit der Überzeugung die Stadt wieder verlassen haben, daß man mit solchen Leuten keine Revolution machen könne. Und am Abend im Hotel werden Sie stolz wissen, daß die wunderbare Geschichte von Friedrich Torberg in der *Tante Jolesch* in Wien eben bleibende Gültigkeit besitzt. Jene Geschichte vom stadtbekannt mürrischen groben Wirten Herrn Neugröschl im zweiten Wiener Gemeindebezirk, der stets gegen den im Gastgewerbe üblichen Leitsatz verfuhr, wonach der Gast immer recht hat. »Bei Herrn Neugröschl hatte der Gast immer unrecht«, beginnt Torberg und erzählt dann, wie es einmal, an einem heißen Sommertag vor dem Krieg im Neugröschl dazu kam, daß ein Gast aus dem Lokal flog, welcher einen Kaiserschmarrn (zerpflückter Rosinenpfannkuchen, in Zucker und Butter geröstet) bestellt und als Beilage statt des verlangten Kompotts (gekochtes Obst) einen Zwetschgenröster (im eigenen Saft gedünstete Pflaumen) bekommen hatte. Der verdutzte Gast wurde von Herrn Neugröschl mit einem jähen groben Griff an die Luft gesetzt, nur weil er mit dem Oberkellner einen Disput darüber angefangen hatte, ob Zwetschgenröster ein Kompott sei oder nicht. Ja, und dann werden Sie selbstverständlich das ganze Buch *Die Tante Jolesch oder der Untergang des Abendlandes in Anekdoten* wieder lesen und sich freuen, daß Sie in Wien sind und daß nicht alles, was in diesem Buch steht, unwiederbringlich vergangen ist.

Die Nachtseele der Stadt

»Zum finsteren Stern«, hatte er am Telephon gesagt. »Gegenüber vom Uhrenmuseum im ersten Bezirk. Ecke Schulhof und Parisergasse«, hatte er noch hinzugefügt, weil er schon ahnte, daß ich dieses Lokal, einen echten Insidertip unter den Szenebeisln, sonst nicht finden würde, in dem Ella de Silva, eine ehemalige Schauspielerin und Weltenbummlerin, seit 2002 so hervorragend und eigenartig kocht, daß man die wenigen Gerichte immer gleich zweimal hintereinander bestellen muß, um ihrem überraschenden Geschmack auf die Schliche zu kommen. Ein unscheinbarer Eingang, ein paar Stufen hinunter in den Gastraum, angenehm unprätentiöses Design. Max, so heißt der Freund, sitzt schon da, Arthur, sein Hund, liegt unterm Tisch. Max hat einen Film im Kopf. Das Thema ist Vienna by night. Der Arbeitstitel für seinen klassischen Episodenfilm heißt *Nachtaktiv.* Natürlich ist er nicht der erste, dem so ein Film einfällt, auch nicht der einzige, der so etwas kann. Und doch will ich, daß er endlich diesen Film dreht, damit ich ihn mir im Kino anschauen kann. Weil er nämlich gut wird, dieser Film, besser als die Filme, die es schon gibt. Und weil ich dann endlich all die verrückten Szenen und Orte wiedersehen werde, von denen er mir seit Jahren erzählt. Leider ist dieser Freund zur Zeit gerade damit beschäftigt, eine Mischung aus Kabarettist, Rapper und Lyriker zu werden. Ständig muß er seinen Musikern hinterherlaufen, alles selbst managen, Werbetexte schreiben, seine dunkle Stimme für die Auftritte ölen und das Kantige und das Makabre seiner Texte wieder und wieder herausarbeiten. Etwa diesen hier: »Das Gegenteil der erwiderten Liebe ist in Wien nicht die Tragödie einer unerwiderten Liebe, sondern der Genuß der erwiderten Abneigung.« Mein einziger Verbündeter ist sein uralter blinder, tauber und epileptischer Hund. Diesen Hund liebt er nämlich, und deshalb führt er ihn gewissenhaft und mehrmals in der Nacht auf die Gasse. Das macht mir wieder Hoffnung. Denn in den nächtlichen Straßen von Wien fällt ihm wieder ein, daß er eigentlich einen Film über Vienna by night drehen will.

Um die Nachtseele der Stadt zu erfassen, hat er schon zahllose Wanderungen unternommen, die Gesichter der Stadt eins nach dem anderen entdeckt und auf diese Weise das eigentliche Wien zum Vorschein gebracht. Sprachwelten hat er sondiert, als seien es Gesteinsschichten, Menschen hat er aufgespürt, die dem Kabarett entsprungen zu sein scheinen oder einem Gedicht, einem Wienerlied. Etwa die beiden Mädchen aus Linz an der Donau. Drei Uhr früh war es, als sie ihn auf der Wiedner Hauptstraße anredeten, beide mit einem großen rosaroten Pandaplüschbären im Arm. Wo's denn hier nach Linz ginge, fragten sie, als ob Linz ein Stadtteil von Wien wäre und nicht die nächste größere Stadt des Landes. Und nachdem er ihnen erklärt hatte, daß alle Züge nach Linz längst abgefahren seien und sie zu Fuß mehrere

Tage nach Hause bräuchten, erzählten die beiden Lehrlinge von ihrem heiteren Tagesausflug in die Hauptstadt, wie sie all ihr Geld im Prater ausgegeben und sich diese Plüschbären gekauft hätten. Und dann gab er ihnen Geld, sagte dem Taxifahrer, daß er die beiden zur Auffahrt auf die Westautobahn bringen sollte und überzeugte die Mädchen davon, per Anhalter nach Hause zu fahren.

Das Kokettieren des Wieners mit dem Abgründigen sei nur der eine Teil der Wahrheit, sagt Max, der andere Teil sei das Leichtsinnige, die Lebensfreude, das Rauschhafte in dieser Stadt, in der Weinen und Lachen, Lieben und Hassen so nahe beieinander liegen.

Wir hatten den Finsteren Stern längst verlassen und schlenderten am Kai Richtung Schwedenplatz. Der Sandler mit dem teuren Mantel, von seiner Frau rausgeschmissen und vom Leben als Sandler noch schmerzlich erstaunt, lehnt wieder an der Mauer. Erst unlängst, um vier Uhr früh, hatte Max ihn vor einer Schlägerei bewahrt und zum Schlafen ins Krankenhaus abtransportieren lassen. Wir biegen in die Stadt ein, in die Rotenturmstraße und gleich wieder rechts zum Bauernmarkt. Die Broadway Piano Bar, eine Legende unter den Nachtlokalen, hat wider alle Ankündigungen nicht dichtgemacht. Im Gegenteil: Das kleine, vielleicht vierzig Quadratmeter große, mit rotem Samt und Spiegeln ausgekleidete Lokal, seit jeher ein bißchen verwohnt, eine rote Höhle nächtlicher Schwärmereien, ist so lebendig wie eh und je. Ein Amerikaner aus dem Mittleren Westen hat sich ans Klavier gesetzt. Er hat ein Lied auf die Broadway Bar komponiert, weil er vergangenes Jahr seine Liebste in Wien zurücklassen mußte. Nach dem ersten Lied folgt ein zweites und ein drittes, die Billy-Joel-Stimme des jungen Musikers füllt das Lokal mit den warmen, sehnsuchtsvollen Melodien seiner Rockballaden. Billy Joel ist selbst auch schon in der Broadway Bar aufgetreten, und auch Julian

Rachlin hat seine Geige für Bela und sein Publikum hervorgeholt und ein kleines privates Konzert gegeben. Anschließend, es ist bereits weit nach Mitternacht, tritt ein junges Quartett auf, das ausgerechnet zu dieser Stunde Brahms spielen möchte. Bela Koreny, der Besitzer der Piano-Bar, selbst Pianist, Schauspieler, eine Figur wie aus einem Roman von Sándor Márai, hatte extra um Ruhe gebeten und das Verlassen des Lokals während der Darbietung untersagt. Nachdenklich sitzt er hinter der Theke auf einem Barhocker, wie immer dem Treiben in seinem Lokal leicht entrückt, als ob er sein ganzes Leben, angefangen von der Flucht mit den Eltern 1956 aus Ungarn, über die Lehrjahre in Wien bis zu seiner Glanzzeit als Barpianist in der prominenten Marbella Bar in Spanien, vor sich Revue passieren ließe und so abgeklärt wie schicksalsergeben Bilanz ziehen würde. »Ich will zusperren«, sagt er. »Seit langem schon. Aber jetzt ...«, fügt er hinzu und wirft einen vielsagenden, verzweifelten Blick in sein überfülltes Lokal, zu seinen Stammgästen, den berühmten Theaterregisseuren, den weltbekannten Musikern, den Stars aus Bühne, Showbusineß und Kunst, bis seine Augen auf den schönen Mädchen ruhen bleiben.

Zu dieser Stunde gehen auch im 18. Bezirk, im Konzertcafé Schmid Hansl, langsam die Lichter aus. Abend für Abend trifft man sich hier im Vorstadtcafé in plüschiger Biedermeieratmosphäre. Einer setzt sich an den guterhaltenen Konzertflügel, ein anderer hat eine Kontragitarre, das klassische Wiener Schrammelinstrument, mitgebracht, und dann werden Wiener Lieder gesungen. Fotos vom legendären Hansl Schmid zieren die Wände, beim Auftritt, nach dem Applaus, im Kreis seiner Fans. Der Sohn, auch schon an die Sechzig, ist der Gastgeber der allabendlichen Nostalgierunde, einem selbstgenügsamen Ritual von schräger Exotik. Auch er ist Wienerlied-Sänger und hält nun Hof, wie ein

Mafiapate im Hinterzimmer einer sizilianischen Taverne. Er empfängt selbstbewußte, würdevoll herausgeputzte Herren in Trevira-Anzügen mit gefärbten, pomadisierten Haaren, einst fesche Fiakerbuben, romantische Vorstadthelden, die hier ihrer eigentlichen Bestimmung nachhängen. Einer von ihnen, von Berufswegen Heurigenmusiker, ist in besonders ausgelassener, gelöster Stimmung. Hier darf er Wiener sein, hier dient er nicht den Touristen, die die Wiener Heurigenlokale füllen und die er jeden Abend mit seiner absichtlich unechten Heurigenmusik vom eigentlich Wienerischen abzuhalten versucht. Beim Schmid Hansl blüht er auf, will gar nicht aufhören, in die melancholischen Melodien einzustimmen, dazwischen Anekdoten zum besten zu geben und einen weiteren weißen G'spritzten zu bestellen. Erst lange nach der Sperrstunde und nachdem schon alle gegangen sind, kommt er drauf, daß sein Bett woanders steht, und wankt durch die milde Nacht heim in seinen Gemeindebau nach Ottakring.

Bleibt nur noch das Flex. Sie kennen es bereits. Das ist jener Club, in dem zu später Stunde, wenn sie denn nicht gerade in New York, London oder Tokio sind, Kruder & Dorfmeister auflegen. Gute Dancefloormusik, Remixnummern aus allen musikalischen Traditionen frei nach dem Wiener Wildstyle. Wenn Sie nicht zufällig zwischen zwanzig und dreißig sind, werden Sie es trotzdem nicht allzulange im Flex aushalten. Dann werden Sie wahrscheinlich lieber am Donaukanal entlang zurück in die Stadt spazieren, da wo Wien ziemlich urban ist. Gegenüber sieht man die häßlichen, in den sechziger Jahren gebauten Häuserfronten des 2. Bezirks; im graubraunen, trägen Wasser spiegelt sich die Stadt. Hier gibt es wunderbar verlotterte »Gstätten«, Ecken und Stadträume, die sich dem planenden, denkmalschützenden und kommerziellen Zugriff bisher entzogen haben. Untertags können Sie hier radfahren oder rollerbladen, Richtung Norden bis nach Heiligenstadt, Nußdorf und zum Kahlenberg, nach Süden bis ins tiefste Simmering zu den Häfen, Werften und Frachtverladeplätzen an der Donau. Ohnedies dämmert es im Osten schon. Wozu sollten Sie jetzt noch schlafen gehen? Nach so einer Nacht kann man das eigene Hotel überhaupt nicht mehr oder erst nach einem ausgiebigen Kaffeehausbesuch wieder betreten. Aber die Cafés machen erst um acht Uhr früh auf, und ins alte, stark patinierte Café Drechsler am Naschmarkt, in dem sich schon um drei Uhr früh alle, die nicht schlafen gehen wollen, versammeln, wollen Sie jetzt auch nicht gehen. Also nehmen Sie die erste U-Bahn und fahren hinaus auf die Donauinsel, um die Sonne aufgehen sehen zu können. Durch die Skyline der Uno-City hindurch werden ihre wärmenden Strahlen den kühlen Morgentau aufsaugen und Sie schläfrig machen. Bald werden Sie sich ins Gras legen und eine Stunde wegdämmern. Sie blicken in Richtung Stadt und wissen, daß Ihnen schrecklich wehmütig zumute sein wird, wenn Sie sie heute verlassen werden. Schon im Taxi zum Westbahnhof oder zum Flughafen werden Sie todtraurig sein. Sie werden voller Verzweiflung Wien als Zweitwohnsitz in Erwägung ziehen und wieder verwerfen und sich am Schluß schwören, daß Sie dieses Mal schneller zurückkehren werden und daß Sie zu Hause erzählen werden, wie sehr sich eine Reise nach Wien lohnt. Und ich? Ich werde mir eine Zweitwohnung in Wien nehmen, in der Taborstraße im 2. Bezirk zum Beispiel. Auf dem Weg zum Riesenrad, dort wo früher die armen Leute und die jüdischen Einwanderer gelebt haben und wo man auch heute wieder ein bißchen etwas von jener vergangenen jüdischen Welt findet. Und so werde ich alle paar Monate nach Wien kommen, wenn die Wehmut übergroß geworden ist, und warten, bis es mich wieder forttreibt aus der Stadt meiner tiefsten und schmerzlichsten Sehnsüchte.

»Die Stadt hat mich mit einer Fülle des Menschlichen im Geschichtlichen überschüttet, auf die ich nicht vorbereitet war. Ich kann mich der Tränen nicht erwehren.«
Reinhold Schneider: »Winter in Wien«

Danksagung

Allen Wiener Geschichtenerzählern gebührt mein herzlicher Dank. Sowohl denen, deren Geschichten bereits in Büchern existieren, als auch jenen, die mir ihre Geschichten erzählt haben, damit ich sie den Anekdoten über Wien hinzufüge. Über Wien zu schreiben war eine große Freude. Wegen der Menschen in dieser Stadt, mit denen ich – trotz mancher Kritik – am besten lachen kann. Wegen der vielen wunderbaren Bücher, von denen ich einige auch meinen Lesern weiterempfehlen möchte, und wegen meiner eigenen langjährigen Erinnerungen an diese Stadt, die wieder auszugraben für mich teils amüsant, teils melancholisch und auf jeden Fall unterhaltend war. Es heißt ja, daß Bücherschreiben eine einsame Angelegenheit sei, doch bei diesem Buch kann davon nicht die Rede sein. Würde ich alle aufzählen, die direkt oder indirekt mit der Entstehung dieses Buches zu tun haben, würde noch ein weiteres Buch entstehen, denn »um die Dinge, die man auf der Straße sieht, anders zu sehen, [...] muß man sein eigenes Leben zur Grundlage machen«. So faßte es der Künstler Martin Kippenberger einmal zusammen. Deshalb will ich nur einige wenige namentlich erwähnen, denen ich für die vielen wertvollen Hinweise ganz besonders danken möchte: Vinzenz Czernin, Andreas Danhauser, Caspar Einem, Georg Eltz, Christine Grän, Cajetan Gril, Max Gruber, Michael Frank, Georg Fürstenberg, Franziska Maderthaner, Robert Menasse, Melissa Müller, Rainer Münz, Alma Münzova, Lioba

Reddeker, John Sailer, Kari Schwarzenberg, Dietmar Steiner, Marlene Streeruwitz, Samy Teicher und Michael Vermehren. Wie immer bin ich meiner Tochter Helena dankbar für die Geduld, die sie mit ihrer werktätigen Mami hatte. Mein Dank geht ebenfalls an meine mich stets ermutigende Lektorin Claudia Privitera. Auch all jenen, deren Bücher mich beim Schreiben inspiriert haben, bin ich sehr verbunden. Folgende Werke seien jedem, der sich näher für Wien, seine Geschichte und die eigentümliche Gewordenheit der Wiener interessiert, empfohlen:

Berndt Anwander: *Beisln und Altwiener Gaststätten*. Falter Verlag, Wien 1997

Thomas Bernhard: *Der Stimmenimitator*. Suhrkamp Verlag, Frankfurt am Main 1978

Thomas Bernhard: *Wittgensteins Neffe. Eine Freundschaft*. Suhrkamp Verlag, Frankfurt am Main 1987

Beppo Beyerl, Klaus Hirtner, Gerhard Jatzek: *Wienerisch – das andere Deutsch*. Reise Know-How Verlag, Bielefeld 2002

Jean-Paul Bled: *Wien. Residenz-Metropole – Hauptstadt*. Böhlau Verlag, Wien, Köln, Weimar 2002

Hubertus Czernin: *Die Auslöschung. Der Fall Thorsch*. Czernin Verlag, Wien 1998

Heimito von Doderer: *Die Strudlhofstiege*. C. H. Beck Verlag, München 1995

Michaela Feurstein, Gerhard Milchram: *Jüdisches Wien. Stadtspaziergänge*. Böhlau Verlag, Wien 2001

Peter Gay: *Das Zeitalter des Doktor Arthur Schnitzler. Innenansichten des 19. Jahrhunderts*. S. Fischer Verlag, Frankfurt am Main 2002

Dietmar Grieser: *Weltreise durch Wien*. Niederösterreichisches Pressehaus, St. Pölten, Wien, Linz 2002

Dietmar Grieser: *Wiener Adressen. Ein kulturhistorischer Wegweiser*. Insel Verlag, Frankfurt am Main 1989

Brigitte Hamann: *Hitlers Wien. Lehrjahre eines Diktators*. Piper Verlag, München 1996

Josef Haslinger: *Opernball*. S. Fischer Verlag, Frankfurt am Main 1997

André Heller: *Die Ernte der Schlaflosigkeit in Wien*. Herausgegeben und gestaltet von Christian Brandstätter. Fritz Molden Verlag, Wien, München, Zürich 1975

André Heller: *Schattentaucher. 61 Beschreibungen aus dem Leben des Ferdinand Alt*. S. Fischer Verlag, Frankfurt am Main 1987

Florian Holzer: *Wiener Szenelokale. Gehen, Sehen und Genießen – 12 Routen durch das kulinarische Wien*. Falter Verlag, Wien 2002

Franz Hubmann: *Wien – Metamorphosen einer Stadt*. Verlag Christian Brandstätter, Wien 1992

Milena Jesenská: *Alles ist Leben. Feuilletons und Reportagen 1919–1939*. Hrsg. von Dorothea Rein. Verlag Neue Kritik, Frankfurt am Main 1984

Oliver Lehman, Traudl Schmidt: *In den Fängen des Dr. Gross. Das verpfuschte Leben des Friedrich Zawrel*. Czernin Verlag, Wien 2001

Robert Menasse: *Erklär mir Österreich. Essays zur österreichischen Geschichte*. Suhrkamp Verlag, Frankfurt am Main 2000

Robert Menasse: *Das Land ohne Eigenschaften. Zur österreichischen Identität*. Suhrkamp Verlag, Frankfurt am Main 1995

Martina Pippal: *Kleine Kunstgeschichte Wiens*. C. H. Beck Verlag, München 2000

Helmut Qualtinger und Carl Merz: *Der Herr Karl*. Deuticke Verlag, Wien 1996

Gerhard Roth: *Eine Reise in das Innere von Wien*. S. Fischer Verlag, Frankfurt am Main 1993

Wendelin Schmidt-Dengler: *Nestroy. Die Launen des Glücks*. Paul Zsolnay Verlag, Wien 2001

Reinhold Schneider: *Winter in Wien. Aus meinen Notizbüchern 1957/58*. Verlag Herder, Freiburg 19. Auflage 2003

Alfred Stohl: *Der Narrenturm oder die dunkle Seite der Wissenschaft*. Böhlau Verlag, Wien, Köln, Weimar 2000

Friedrich Torberg: *Die Tante Jolesch oder der Untergang des Abendlandes in Anekdoten*. Langen Müller Verlag, Wien 1995

Friedrich Torberg: *Kaffeehaus war überall. Briefwechsel mit Käuzen und Originalen*. Langen Müller Verlag, Wien 1982

Tóth, Barbara: *Karl von Schwarzenberg. Die Biografie*, Ueberreuter Verlag, Wien 2005

Hans Veigl: *Morbides Wien. Die dunklen Bezirke der Stadt und ihre Bewohner*. Böhlau Verlag, Wien, Köln, Weimar 2000

Ruth Wodak (Hg.): *Das kann einem nur in Wien passieren*. Czernin Verlag, Wien 2001

Bereits erschienen:
Gebrauchsanweisung für...

Amerika
von Paul Watzlawick

Amsterdam
von Siggi Weidemann

Barcelona
von Merten Worthmann

Bayern
von Bruno Jonas

die Bretagne
von Jochen Schmidt

China
von Kai Strittmatter

Deutschland
von Maxim Gorski

Dresden
von Christine von Brühl

das Elsaß
von Rainer Stephan

England
von Heinz Ohff

Florenz
von David Leavitt

Frankreich
von Johannes Willms

Genua und die Italienische Riviera
von Dorette Deutsch

Griechenland
von Martin Pristl

Hamburg
von Stefan Beuse

Irland
von Ralf Sotscheck

Italien
von Henning Klüver

Japan
von Gerhard Dambmann

Kalifornien
von Heinrich Wefing

Köln
von Reinhold Neven Du Mont

London
von Ronald Reng

München
von Thomas Grasberger

New York
von Verena Lueken

Paris
von Edmund White

Polen
von Radek Knapp

Portugal
von Eckhart Nickel

Rom
von Brigitte Schönau

das Ruhrgebiet
von Peter Erik Hillenbach

Salzburg und
das Salzburger Land
von Adrian Seidelbast

Schottland
von Heinz Ohff

die Schweiz
von Thomas Küng

Sizilien
von Constanze Neumann

Spanien
von Paul Ingendaay

Südengland
von Elke Kößling

Südfrankreich
von Birgit Vanderbeke

Südtirol
von Reinhold Messner

Sydney
von Peter Carey

Tibet
von Uli Franz

die Toskana
von Barbara Bronnen

Tschechien und Prag
von Jiří Gruša

die Türkei
von Iris Alanyali

Venedig
von Dorette Deutsch

Wien
von Monika Czernin

PIPER

Jiří Gruša
Gebrauchsanweisung für Tschechien und Prag

219 Seiten. Gebunden

Tschech heißt der Stammvater der Tschechen, und mit ihm beginnt Jiří Gruša sein Buch: »Milch und Honig im Überfluß« meldet Tschech alttestamentarisch aus seiner Heimat. Nach ihm erkannten das auch viele andere, Tschechien wurde zum »Durchhaus Europas«, ein Ort, an dem sich die Kulturen mischten und gegenseitig inspirierten. Herausgekommen ist am Ende laut Gruša der moderne Tscheche, der Bastler, Tüftler und Praktiker, den er liebenswert als optimistischen Nörgler bezeichnet, ein Nachfahre des braven Soldaten Schwejk, dem ein wundervolles Kapitel gewidmet ist. Gruša entfacht in seiner Gebrauchsanweisung ein Feuerwerk an Zusammenhängen, Anspielungen und handfesten Informationen über sein Heimatland. Von der bewegten Geschichte über die reiche Literatur und von der zungenbrecherischen Sprache erfährt der Leser höchst Wissenswertes und manches ungeahnte Detail über unsere östlichen Nachbarn. Und am Ende sind alle sprichwörtlichen böhmischen Dörfer beseitigt. Die übrigens nennen sich in Tschechien spanische Dörfer. Der Böhme Jiří Gruša muß es wissen.